LE
CONGO FRANÇAIS

Palabre ou assemblée générale du roi Makoko et de sa cour.

LE
CONGO FRANÇAIS

ILLUSTRÉ

GÉOGRAPHIE, ETHNOGRAPHIE & VOYAGES

PAR

F. ALEXIS-M. G.

AUTEUR DE LA FRANCE ILLUSTRÉE, DE LA TERRE ILLUSTRÉE, DE LA
FRANCE COLONIALE, DE LA TRAITE DES NÈGRES, ETC.
MEMBRE DES SOCIÉTÉS GÉOGRAPHIQUES
DE PARIS, DE BRUXELLES, DE MADRID, ETC.

2ᵉ ÉDITION, REMISE A JOUR
ornée de 2 cartes et de 40 gravures.

PARIS
PROCURE GÉNÉRALE, Rue Oudinot, nº 27.
POUSSIELGUE, Rue Cassette. — Vᵉ MAGNIN, Rue Honoré-Chevalier.
A LIÈGE
H. DESSAIN, Imprimeur-Éditeur, Rue Trappé, 7

1892

TOUS DROITS RÉSERVÉS

DU MÊME AUTEUR

La Terre illustrée, *Géographie générale des cinq parties du monde*, petit in-8°, compact, de 670 pages, avec 140 gravures et cartes, 4° édition.

La France illustrée, *géographie générale*, petit in-8°, compact, de 672 pages, avec 65 cartes et 115 gravures.

La France coloniale illustrée, grand in-8°, de 368 pages, avec plus de 100 gravures et cartes, 5° édition.

Les Colonies françaises illustrées, le même que le précédent, mais en format petit in-8°, compact, de 350 pages, 2° édition.

La Traite des Nègres *et la Croisade africaine*, in-8° ord., de 240 pages, avec cartes et illustrations, 5° édition.

La Barbarie africaine *et les Missions catholiques au Congo*, in-8°, de 240 pages, illustré, 3° édition.

Le Congo français illustré, in-8°, de 240 pages, avec 2 cartes et 40 illustrations.

Le Congo belge illustré, grand in-8°.

Stanley l'Africain, *sa jeunesse et ses quatre grandes expéditions dans le continent mystérieux*, grand in-8°, 312 pages, avec cartes et illustrations, 4° édition.

En outre, divers ouvrages classiques : manuels, atlas, cartes murales, reliefs, etc.

12 Médailles d'or ou diplômes d'honneur, aux Expositions internationales de Paris, Vienne, Londres, Rio de Janeiro, New-Orléans, Bruxelles, Anvers, Barcelone, Cologne, Berne, etc.

PRÉFACE

La France possède dans l'Algérie, la Tunisie, le Sénégal et le haut Niger, les éléments d'un immense empire Africain qui, un jour sans doute, s'étendra sans interruption des rivages de la Méditerranée à ceux de l'Atlantique et du golfe de Guinée, en atteignant, à travers le Sahara, Timbouctou, voire même le lac Tchad.

Ce vaste domaine couvrira ainsi une surface de 5 à 7 millions de kilomètres carrés, c'est-à-dire dix à quinze fois la superficie de la France elle-même.

De plus, grâce particulièrement au zèle persévérant d'un explorateur célèbre, M. de Brazza, elle a acquis également sur les rives du Congo central un territoire qui, ajouté à la colonie primitive du Gabon, compte déjà une superficie supérieure à celle de la mère patrie. Cet *Ouest-Africain* peut s'accroître indéfiniment dans le Soudan central, de façon à rejoindre peut-être, dans le bassin du lac Tchad, la partie principale de l'EMPIRE FRANCO-AFRICAIN, dont nous venons de parler.

C'est l'histoire du Congo français que nous voulons particulièrement retracer dans cet ouvrage ; mais comme elle se lie intimement à celle de l'État indépen-

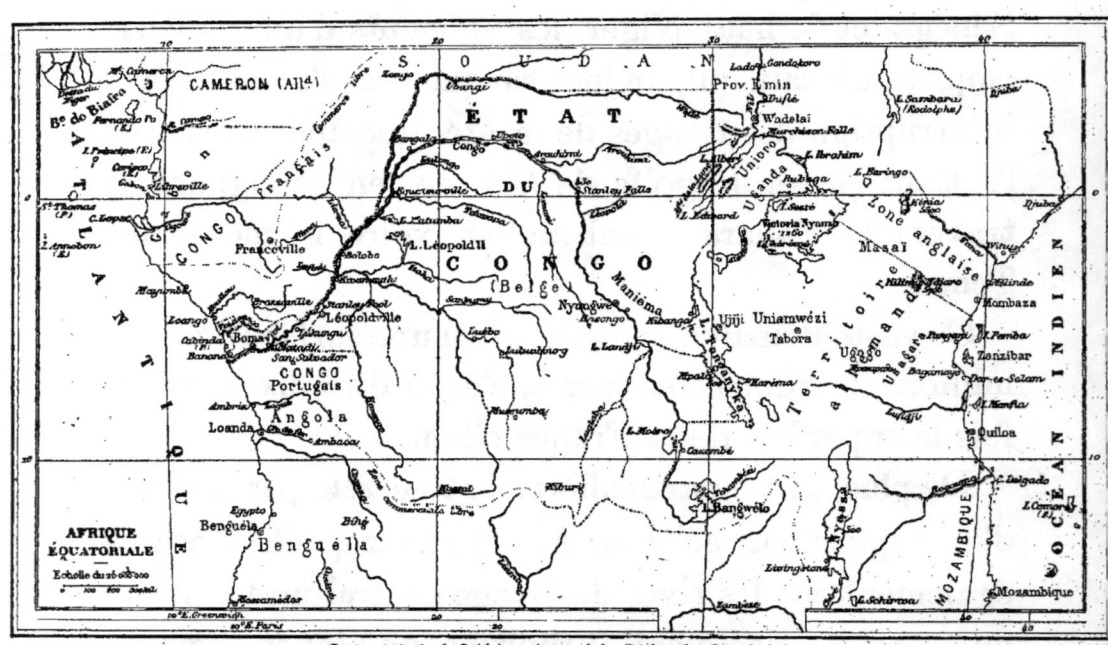

Carte générale de l'Afrique équatoriale. Région des Grands lacs.

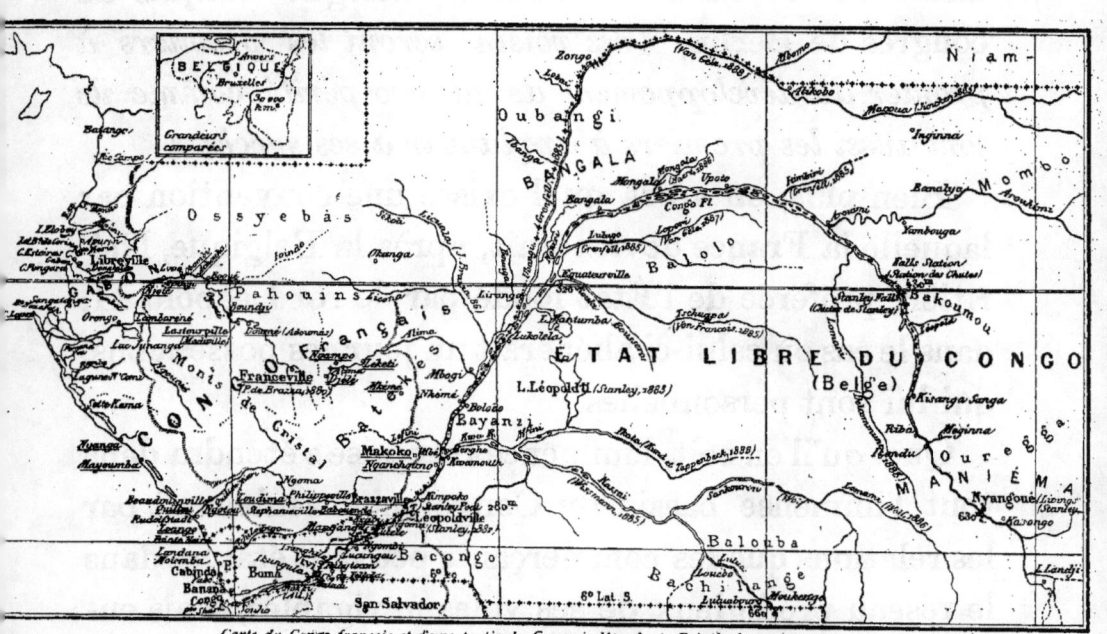

Carte du Congo français et d'une partie du Congo indépendant. Echelle de 1 : 10,000,000.

dant du Congo, créé à la suite du traité de Berlin, il est nécessaire de reprendre les circonstances de la découverte même du grand fleuve par Livingstone et par Stanley, et celles de la formation de l'État libre lui-même.

Du reste, la France est intéressée à connaître la colonisation de cet Etat indépendant, car, comme le disait M. le baron de Courcel, délégué français au congrès de Berlin, « *ses voisins seront les premiers à profiter du développement de sa prospérité, comme ils sont aussi les premiers à applaudir à ses succès.* »

Bien plus, on verra qu'il existe une convention par laquelle la France deviendrait, après la Belgique, l'héritière préférée de l'État fondé par le roi Léopold II, dans le cas où celui-ci aliénerait un jour ces possessions, qui lui sont personnelles.

Quoi qu'il en soit, l'influence française s'étendra dans tout l'immense bassin du Congo, non seulement par les relations que les commerçants peuvent établir dans le réseau prodigieux de ses voies navigables, mais encore par la diffusion de la langue française, qui est celle parlée par les agents du Congo libre, comme aussi par les missionnaires français qui évangélisent déjà ce vaste pays, depuis le rivage de l'Atlantique jusqu'à la région des Grands lacs de l'Afrique centro-orientale.

Paris, 2 Février 1892.

LE CONGO FRANÇAIS

CHAPITRE I.

LES GRANDS EXPLORATEURS DE L'AFRIQUE CENTRALE.

LIVINGSTONE, BURTON, SPEKE, BAKER, CAMERON, STANLEY (1840-1880).

Il semble étrange que l'Afrique, placée si près de l'Europe, contournée depuis le temps des Romains, soit restée jusqu'à nos jours, du moins dans son intérieur, la plus inconnue des cinq parties du monde.

Cela tient sans doute à la configuration massive de ce continent, au manque de fleuves navigables, de golfes profonds qui entameraient l'intérieur, et surtout à son climat généralement meurtrier pour les Européens.

Cela tient probablement plus encore à l'état de barbarie de ses populations, lesquelles, par là même qu'elles sont restées sauvages, incultes, vivant au jour le jour, ayant peu de besoins, traquées d'ailleurs par la traite, n'ont pas su tirer parti des produits naturels du sol, n'ont rien édifié, ni villes, ni monuments, ni routes, n'ont pas en un mot accumulé de richesses commerciales ou artistiques, capables d'attirer vers elles les Européens qui ont préféré se diriger vers l'Inde d'abord, vers l'Amérique ensuite.

Nous ne dirons rien de l'Afrique septentrionale, qui depuis longtemps est en rapport avec les riverains européens de la Méditerranée. Nous ne parlerons pas non plus des explorateurs qui ont fait connaître les côtes méridionales du continent, depuis quatre siècles que Vasco de Gama a doublé le cap de Bonne-Espérance.

Tenons-nous en à l'Afrique centrale dans laquelle se trouvent les territoires du Congo, qui nous intéressent ici d'une manière toute spéciale.

L'embouchure du fleuve Congo ou Zaïre avait été reconnue, en 1484, par Diego Cam, qui y planta sur la rive sud un *padrao*, borne en pierre ornée des armes du Portugal et d'une croix, pour marquer à la fois la prise de possession et le but religieux de la conquête. Depuis cette époque, les négociants portugais établirent des comptoirs de commerce pour faciliter les échanges avec les indigènes, sans s'aventurer dans l'intérieur du pays, au-delà de la région côtière où se créa le royaume du Congo, dont la capitale était San-Salvador. Les missionnaires catholiques seuls, armés de la croix, bravant les flèches des sauvages et un climat meurtrier, s'avancèrent plus loin afin d'étendre partout le royaume du Christ.

Mais ni les uns ni les autres ne nous ont laissé de relations bien explicites de leurs voyages, dont le but n'était pas précisément l'extension des connaissances géographiques, telles que nous le comprenons aujourd'hui.

C'est seulement au commencement de ce siècle, en 1816, que le capitaine anglais *Tuckey*, à la tête d'une expédition envoyée par la Société géographique de Londres, tenta de remonter le Congo; mais il fut arrêté dans les rapides à 200 kilomètres de la côte, et il périt avec la plupart des siens, en un lieu où 60 ans plus tard arriva Stanley, venant, lui, de parcourir le fleuve de l'est à l'ouest.

En 1856, un missionnaire protestant, Rebmann, revenant de la côte orientale, publia une esquisse où figurait un lac immense occupant en partie le centre du continent, sous le nom d'*Ouniamouési*, qui est le nom d'une contrée. L'existence d'une mer intérieure aussi étendue, quoique affirmée par des marchands arabes qui parlaient *de visu*, excita des doutes, et la Société géographique de Londres résolut d'y envoyer des explorateurs.

Ce fut là l'origine des brillantes découvertes faites par les Anglais dans l'Afrique centrale.

De 1857 à 1859, le major Richard **Burton** et son ami le capitaine *Speke*, officiers anglais, partent de Zanzibar et arrivent à Kazeh (Tabora) et à Udjidji, où ils découvrent le lac *Tanganika* (1858).

Burton exprime ainsi sa surprise et sa joie de cette grande découverte : « A première vue, dit-il, la disposition des arbres et le soleil qui n'éclairait qu'une partie du lac en réduisaient tellement l'étendue que je me reprochai d'avoir risqué mes jours, sacrifié ma santé pour si peu de chose, et je maudis l'exagération arabe qui avait encouragé ma folie. Je m'avançai néanmoins, la scène se déploya tout à coup et me plongea dans l'extase. Rien de plus saisissant que ce premier aspect du Tanganika mollement couché au sein des montagnes et se chauffant au soleil des tropiques. A vos pieds, des gorges sauvages, où le sentier rampe et se déroule avec peine ; au bas des précipices, une étroite ceinture d'un vert d'émeraude, qui ne se flétrit jamais, et s'incline vers un ruban de sable, aux reflets d'or, frangé de roseaux et déchiré par les vagues.... Ce fut une ivresse pour l'âme et pour les yeux ; j'oubliai tout : dangers, fatigues, incertitude du retour. J'aurais accepté le double des maux que nous avions eu à subir ; et chacun partageait mon ravissement. »

Revenus à Kazeh, **Speke**, faisant une pointe au nord, aperçoit le lac *Victoria* (1858), le principal lac de l'Afrique ; puis il rejoint son compagnon qui voulait à peine le croire et tous deux effectuent leur retour par Zanzibar.

En 1862-63, voulant compléter sa découverte, *Speke* (2ᵉ voyage) et son ami **Grant** vont de Zanzibar au lac Victoria et découvrent le Nil-Victoria, qui en sort ; ils visitent le célèbre Mtésa, roi de l'Uganda, puis ils reviennent et descendent le Nil-Blanc, jusqu'en Egypte.

A Gondokoro, ils avaient rencontré l'ingénieur Samuel **Baker** qui, sur leurs renseignements, va découvrir le lac *Albert* et sa communication avec le Victoria et le Nil (1868). Plus tard, Baker, accompagné de sa femme, revient conquérir le Haut-Nil pour le vice-roi d'Egypte et fonde Gondokoro. L'un de ses lieutenants, Linant **de Bellefonds**, français, rend visite au roi Mtésa. En 1874, le célèbre **Gordon-Pacha**, lui succède comme gouverneur de ces provinces, mais vient mourir à Khartoum en 1883. **Emin-Pacha**, chef de la région du lac Albert, est secouru en 1888 par Stanley, qui y découvre le lac *Albert-Edward*.

Les Anglais avaient ainsi rétabli sur la carte d'Afrique les lacs du Haut-Nil, que l'antiquité avait soupçonnés, que le moyen âge avait admis, mais que les cartographes du siècle dernier avaient à tort fait effacer. Des lettres inédites du voyageur belge *de Pruyssenaere*, qui explorait à cette époque le haut Nil, nous apprennent que l'existence de ces lacs n'y était mise en doute par personne ; il se proposait de les visiter lorsque la mort l'enleva.

LIVINGSTONE.

David Livingstone, missionnaire écossais protestant, ouvre la série des grands explorateurs qui eurent la gloire de faire la traversée de l'Afrique d'un Océan à l'autre. Dans un espace de 33 ans, en plusieurs voyages successifs, de 1840 à 1873, il parcourut toute l'Afrique Australe, d'abord en qualité de prédicant de la Société

David Livingstone, né en 1813, en Écosse, explorateur de l'Afrique australe et centrale, mort en 1873, près du lac Bangweolo.

évangélique de Londres, puis comme consul-général du gouvernement britannique.

Dès 1840, Livingstone avait évangélisé les régions situées entre le Cap et le Zambèze. Il avait apparu aux noirs comme « un messager de la Bonne Nouvelle, médecin du corps et de l'âme, leur prêchant la douceur et la paix, leur enseignant le respect de la vie et l'amour du travail. » Aussi avait-il acquis sur leur esprit et leur cœur une influence qui lui permit de se faire une escorte d'indigènes, d'aller partout en explorateur, le jour où en 1849, il commença ses courses géographiques.

Il découvrit le *lac Ngami* cette même année, et explora ensuite le bassin du *Zambèze*, remontant la Liambaye et la Liba jusqu'au lac Dilolo, dont une partie des eaux s'écoule vers le Kassaï. Franchissant cette rivière et le Koango, il parvint à Saint-Paul de Loanda en 1854. Il revint de là aux merveilleuses *chutes Victoria* du Zambèze (1855) et suivit ce fleuve jusqu'à Quilimane (1856), accomplissant ainsi le premier voyage transcontinental de l'Afrique dans des régions jusqu'alors inconnues.

Rentré à Londres, Livingstone y publia en 1857 la première relation complète de ses voyages, qui fut reçue avec enthousiasme, non-seulement en Angleterre, mais dans le monde entier. Dès l'année suivante, il repartit pour l'Afrique avec le titre de consul-général, ayant pour mission de chercher surtout à abolir l'esclavage et la traite des nègres. Le progrès des sciences géographiques, qui tenait le second rang dans ses aspirations, lui doit dans ce deuxième voyage l'exploration plus complète du bas Zambèze et la découverte (1859) des *lacs Nyassa et Schirwa*, entrevus au siècle dernier par les Portugais. Au troisième voyage, il explora la Ravouma et revit le lac Nyassa.

Enfin dans son quatrième et dernier grand voyage, Livingstone partit de Zanzibar (1866) avec une escorte de Cipayes indiens, qu'il dut bientôt renvoyer, et des Anjouanais des îles Comores, qui l'abandonnèrent en route. Il les remplaça par des indigènes qui lui restèrent fidèlement attachés, même comme on le verra jusqu'après sa mort. Avec eux, il explora la Ravouma, le sud du lac Nyassa et remontant au N.-O., il pénétra enfin dans le bassin du *haut Congo*, qui nous intéresse ici particulièrement. Bien reçu par le « Cazembé », roi du Lounda (1867), il trouva le *lac Moéro*, remonta la vallée du Louapoula, qui s'y jette, et découvrit le grand lac Bangwéolo (1868); de là il gagna le Tanganika (déjà vu par Burton) et séjourna à Oudjiji, d'où il écrivit en Europe pour démentir le bruit de sa mort, que les déserteurs Anjouanais avaient fait courir (1869). Ensuite il traversa à l'ouest les forêts du Manyéma, entrevit le Loualaba et son chapelet de lacs, vit notamment le lac Kémolondo (Landji) et un autre qu'il appela Lincoln ; arrêté faute de canots pour descendre le Congo, à *Nyangoué* sous le 4ᵉ degré de latitude sud, il revint à Oudjiji, où H. Stanley, envoyé à sa recherche, le rencontra, le 10 novembre 1871.

En effet, on était depuis 4 ans sans nouvelles de Livingstone et aucune des 34 lettres qu'il avait écrites n'était parvenue en Europe. La Société de Géographie de Londres, alarmée, organisait une expédition pour le rechercher, mais elle fut prévenue par celle de Stanley, arrivant par l'Inde. Celui-ci trouva le vieillard malade, épuisé, découragé, mourant ; mais ses soins, la joie de le voir et une nourriture substantielle qu'il lui procura lui rendirent la vie. Ils explorèrent ensemble en canot la rive septentrionale du Tanganyka, pour s'assurer qu'il ne communique pas avec le Nil ; puis, refusant de rentrer en Europe, parce qu'il tenait toujours à identifier le bassin du Loualaba avec celui du Nil, Livingstone confia ses lettres et son journal à Stanley qui le quitta le 14 mars 1872.

Le docteur retourna donc dans le sud-ouest du Tanganika, visita les mines de cuivre du Katanga, remonta jusqu'au sud du Bangwéolo, traversant une région marécageuse qu'il compare à une immense éponge trempée. De nouveau épuisé par la fièvre, réduit à l'état de squelette, porté tour à tour sur les épaules de ses compagnons noirs, il parvint à Ilala, village du chef Tchitambo, où, le 4 mai 1873, David Livingstone expira sous une hutte de gazons et de branchage. — Il avait 60 ans, dont il passa plus de la moitié en Afrique.

Ses serviteurs Souzi, Chouma et le nègre Jacob Wainwright, qui avaient partagé toutes ses misères, firent preuve du plus admirable dévouement. « Ils offrirent au chef Tchitambo, dit M. Lanier, un présent pour n'être pas inquiétés dans leurs projets de départ, firent dessécher le corps de Livingstone au soleil, le réduisirent en momie, puis l'enveloppèrent de calicot et, le plaçant dans une écorce d'arbre, autour de laquelle fut cousu un morceau de toile à voiles, ils partirent pour Tabora où ils rencontrèrent Cameron. Ils gagnèrent la côte avec leur précieux fardeau, courant mille dangers en route, et donnant ainsi à la mémoire de l'homme qu'ils avaient tant aimé, le suprême et touchant hommage d'une fidélité que la mort n'avait pu rompre. Les restes de Livingstone, ses papiers, ses notes et ses instruments furent remis intacts au consul de la Grande-Bretagne, à Zanzibar, au mois de février 1874, et aussitôt transportés en Angleterre. »

Des honneurs exceptionnels furent rendus à ses dépouilles; les obsèques eurent lieu aux frais du Trésor public, et le corps fut inhumé dans l'église de Westminster: hommages suprêmes bien dus à la grandeur des services rendus par le savant et l'homme de bien, dont le nom restera comme le symbole de l'émancipation d'un continent.

CAMERON.

A la nouvelle de Livingstone retrouvé par Stanley (1872), la Société de Géographie de Londres regrettant de s'être laissée devancer par un Américain (on ignorait alors que Stanley fut Anglais lui-même), organisa de nouveau deux expéditions pour aller à la rencontre de Livingstone, au centre de l'Afrique. L'une, qui remontait déjà par l'ouest le fleuve Congo, fut rappelée lorsque l'on connut la mort du docteur ; l'autre, qui prit par Zanzibar la route des grands lacs, était commandée par Verney Lowett **Cameron**, lieutenant de la marine anglaise, descendant d'une famille noble d'Ecosse.

En janvier 1873, Cameron quitta Bagamoyo, avec le chirurgien Dillon, le lieutenant Murphy et le jeune Moffat (ce dernier, neveu de Livingstone, mourut au début du voyage); il gagna l'Ousagara, le pays d'Ougogo et l'Ounyamouézi. A Tabora, il rencontra le convoi funèbre de l'homme qu'il cherchait, rapporté par ses fidèles serviteurs. Après avoir organisé leur retour vers la côte, il résolut de continuer sa route dans le but d'arriver au Loualaba et de le descendre.

A Kahouéli, il atteignit le Tanganika, y trouva les derniers papiers de Livingstone, équipa une barque et entreprit l'exploration du lac. Il en fit le tour dans la moitié méridionale, et découvrit la rivière *Loukouga* qui s'en échappait à l'ouest, par un émissaire d'un mille de large, fermé aux trois quarts d'un banc de sable couvert d'herbes ; il le descendit l'espace de quatre ou cinq milles jusqu'au point où l'amas de végétation flottant l'empêcha d'aller plus loin.

Le hardi voyageur s'enfonça ensuite dans les régions

boisées du Manyéma, franchit nombre de cours d'eau et parvint en août 1874 à Nyangoué.

Ne pouvant se procurer de canots pour descendre le Loualaba, il voulut atteindre à l'ouest un grand lac, le Sankorra, dont il entendait parler ; mais il fut arrêté par les chefs du pays de Lomami, et il dut se résigner à prendre la direction du sud-ouest. Il remonta la rive droite du Lomami, à travers l'Ouroua, en se mêlant à une caravane de traitants qui, plus d'une fois, eut à combattre contre les indigènes. Dans le Kasongo, Cameron visita le lac Kasali et longea, mais à distance, le chapelet de lacs du Loualaba; il y fut aussi témoin de la chasse aux nègres par des trafiquants de l'Angola qui revenaient « avec une file de 30 à 60 femmes chargées de leurs enfants et de gros ballots de butin, et attachées ensemble par des cordes. » Plus à l'ouest, il suivit le plateau du lac Dilolo, déjà parcouru par Livingstone, parvint à Bihé, enfin à Saint-Philippe-de-Benguéla, où, malade du scorbut, il faillit mourir.

Son voyage de Bagamoyo à Benguéla avait duré 2 ans et 8 mois pendant lesquels il avait parcouru 5500 kilomètres à pied, dont 2000 en terre inconnue. Ayant ainsi accompli pacifiquement la deuxième traversée du continent africain, il fut reçu en Angleterre avec des ovations extraordinaires bien méritées.

HENRY STANLEY.

« Il n'est pas possible de raconter les découvertes en Afrique, dit M. Wauters, sans consacrer une page, une grande page, à l'homme extraordinaire qui pendant plus de quatre années fut leur chef. Stanley a irrévocablement lié son nom à celui du Congo. Non seulement il a été le premier à dessiner géographiquement le cours inattendu du grand fleuve sur la carte, mais il

David Livingstone chez les sauvages Balondas du Zambèze. Il se sert de la lanterne magique pour l'enseignement de la religion. (Sacrifice d'Abraham : un mouvement accidentel de l'image effraie les indigènes).

vient d'ouvrir son bassin entier au libre commerce du monde. (1).

» On a longtemps discuté sur la question de savoir si Stanley est Américain ou Anglais. Tandis que les uns le disaient Yankée de l'Illinois, du Missouri ou du Connecticut, les autres le faisaient naître en Angleterre ou au pays de Galles. C'est dans ce dernier pays qu'il vit le jour. Ce qui explique l'incertitude dans laquelle on est longtemps resté à ce sujet, c'est que Stanley arriva jeune encore en Amérique, où les circonstances l'amenèrent à changer de nom.

» Henry Moreland Stanley, de son vrai nom *John Rowlands*, naquit près de la petite ville de Denbigh, (pays de Galles), en 1840. A peine âgé de deux ans, il perdit son père et l'année suivante il fut placé par sa mère à l'hospice des enfants pauvres de Saint-Asaph, où il reçut une bonne éducation et où ses progrès le firent, jeune encore, employer à la comptabilité de l'établissement. L'arithmétique et la géographie étaient ses branches favorites; elles le sont restées... Plus tard, il s'embarquait à bord d'un navire frêté pour la Nouvelle-Orléans, payant le passage par son travail. Le futur explorateur du « continent mystérieux » avait alors seize ans.

» Arrivé à destination, son premier soin fut de chercher un emploi quelconque, les moyens de subsistance lui faisant complètement défaut. Il le trouva dans la maison d'un négociant de la Nouvelle-Orléans, du nom de Stanley, dont il ne tarda pas à gagner la sympathie et la confiance par son intelligence et son activité. C'est cet homme honorable qui fut le premier protecteur de notre héros, auquel il s'attacha de plus en plus et qu'il finit par adopter; ce qui amena John Rowlands

---

(1) Les *Belges au Congo*, par A. J. Wauters.

à prendre le nom de Stanley sous lequel il s'est illustré depuis. Cependant, la mort subite de son bienfaiteur, décédé sans tester, vint tout à coup détruire, sans doute, des espérances de fortune et d'avenir...

» La guerre de la sécession qui éclate aux Etats-Unis, en 1861, enrôle Stanley dans l'armée confédérée, dans laquelle il prend part à plusieurs engagements, sous les ordres du général Johnston ; puis dans la marine où il fait aussi des actions d'éclat.

» Six mois plus tard, en 1865, son vaisseau partit en croisière en Europe et arriva à Constantinople. Stanley obtint un congé, fit un voyage à Smyrne et dans l'Asie-Mineure, puis alla voir sa mère au pays natal. De retour aux Etats-Unis, et la guerre étant terminée, il donna sa démission de son grade d'officier et nous le voyons aborder la nouvelle carrière qui doit lui faire parcourir le monde, l'envoyer au centre de l'Afrique et faire finalement de lui le célèbre Henry Stanley : il devient journaliste.

» Sa première campagne est celle qu'il fait comme reporter du *Missouri Democrat* et de la *New-York Tribune*, à la suite de l'expédition du général Hancock contre les Indiens Cheyennes et Kiowas... Plus tard, il est nommé correspondant-voyageur du *New-York Herald*, aux appointements de 15,000 fr. par an et va suivre en Abyssinie les opérations de l'armée anglaise... Ses dépêches et ses informations eurent le mérite d'être expédiées avec une rapidité réellement surprenante : la nouvelle de la prise de Magdala, notamment, arriva à New-York un jour entier avant la même nouvelle envoyée à Londres par les officiers anglais.

» Revenu d'Abyssinie, il assiste à l'inauguration de l'isthme de Suez (1869) ; après quoi, toujours commissionné par le *Herald*, il entreprend un grand voyage à travers l'Asie-Mineure, le Caucase, la Géorgie et la

Perse jusqu'aux Indes. En revenant vers l'Europe, en novembre 1870, Stanley s'arrêta quelque temps en Egypte, avec l'espoir d'y voir arriver Livingstone, dont la presse des deux mondes s'occupait fort en ce moment. Cet espoir ne s'étant pas réalisé, il alla en Espagne, d'où un télégramme de M. James Gordon Bennett, propriétaire du *New-York Herald*, ne tarda pas à l'appeler à Paris. »

A partir de ce moment, la biographie de Stanley est mieux connue. Après avoir été successivement employé de commerce, soldat, officier de marine et journaliste, nous allons le voir se transformer une nouvelle fois et apparaître comme explorateur et géographe. Chacun a encore présent à la mémoire le premier chapitre de son livre : *Comment j'ai retrouvé Livingstone*, où l'auteur raconte son entrevue avec M. Bennett et dans laquelle celui-ci, à brûle-pourpoint, lui demanda d'aller à la recherche de Livingstone, perdu au cœur de l'Afrique, afin de porter secours et assistance à l'illustre explorateur. C'est le début d'un véritable roman, et l'on douterait peut-être encore de la véracité de l'aventure et de ses suites, tellement l'affaire est extraordinaire, si le journal du voyageur écossais n'était là pour en attester la complète exactitude.

Le 6 janvier 1871, Stanley venant de Bombay, arrivait à Zanzibar, y organisait une caravane et s'avançait vers l'ouest. Après un voyage de 8 mois, le 10 novembre 1871, il retrouvait effectivement Livingstone, malade, à Udjiji, sur le lac Tanganyka.

Grâce aux bons soins de Stanley, Livingstone se rétablit vite ; ils firent ensemble une course sur le Tanganika, puis se séparant de lui, non sans regret, Stanley reprit la route de l'Europe.

Mais un explorateur de cette trempe ne devait pas

rester inactif. En 1874, les propriétaires du *New-York Herald* et du journal anglais *Daily Télégraph* s'unirent pour le charger de la mission de poursuivre et de compléter les recherches de Livingstone. A la fin de cette année, Stanley commença donc son voyage « à travers le Continent mystérieux », dont nous donnerons ici le résumé.

Après une exploration préalable de la rivière Loufidji, tributaire de la mer des Indes, il était parti de Bagamoyo, accompagné de trois anglais : Frédéric Barker, Edouard et Frank Pocock, avec une véritable armée de serviteurs, guides, porteurs et combattants, régulièrement équipés et disciplinés, au nombre de plus de 300 ; il emportait un bateau démonté, le *Lady-Alice*, pour naviguer sur les lacs. Cinquante membres de l'expédition avaient déserté avant l'arrivée à Mpouapoua (Ousagara); les désertions continuèrent quand on traversa l'inhospitalière contrée de l'Ougogo, où les rafales, les pluies diluviennes, les maladies décimèrent la caravane ; l'escorte en vint à manger les restes putréfiés des éléphants trouvés dans la forêt. A Souna, où mourut Edouard Pocock, plus de cent hommes avaient déjà disparu.

Quand on arriva sur la rivière Livoumbou, un des affluents supérieurs du lac Victoria, il fallut soutenir pendant trois jours un combat en règle contre les habitants : Stanley perdit vingt-et-un des siens ; son escorte était réduite à 194 hommes. A la fin de février (1875), en descendant la vallée du Chimiyou, on toucha au sud du **lac Victoria**, à l'est du port de Kagéhyi. La barque *Lady-Alice* fut armée et mise à flot, et Stanley s'élança avec dix hommes sur le lac dont il longea la rive orientale. Il eut une entrevue avec Mtésa, roi de l'Ouganda, qu'il dépeint comme le plus généreux et le plus intelligent des monarques africains.

Après une excursion dans la baie Murchison, Stanley, escorté par une flottille que lui fournit M'tésa, franchit de nouveau le lac Victoria. En abordant l'île de Bambiré, il fut cerné par une bande de « deux cents noirs démons, faisant tournoyer autant de massues à fleur de nos têtes, dit-il, luttant pour nous insulter de plus près, et saisir l'occasion de nous transpercer ou de nous assommer. » Il atteignit ensuite une île déserte, qu'il appela l'île du Refuge ; puis, après trois jours de navigation, pendant lesquels il essuya encore une furieuse tempête et une grêle épouvantable, il rentra à Kagéhyi, où ses compagnons l'accueillirent avec des hourrahs frénétiques. Mais Stanley y apprit la mort de Frédéric Barker, l'un de ses compagnons anglais, et l'opposition des rois du sud pour lui barrer le passage. Il repartit pour le pays d'Ouganda, revit M'tésa et assista aux préparatifs d'une guerre contre les Vouavouma qui refusaient à leur roi le tribut. Après quatre combats, son habile intervention réussit à ramener la paix.

Le voyageur quitta l'Ouganda pour se rendre au **lac Albert**. M'tésa combla de présents son cher ami *Stammli*, ordonna à ses sujets de lui ouvrir le chemin de l'ouest, et plus tard lui offrit même 90,000 hommes pour se frayer un chemin vers le Mouta-Nzigé. Stanley partit d'Oulagalla, traversa la Katounga, affluent du lac Victoria, et donna à la plus haute cime des monts du Gambaragara, le nom de Gordon-Bennett. Menacé par l'hostilité des Ousangora, il ne put lancer le *Lady-Alice* sur le lac Albert et dut se contenter d'en explorer le littoral au sud de Vekovia. Du Mpororo, il passa dans le Karagoué et explora le lac Alexandra qui s'écoule par l'Alexandra-Nil dans le lac Victoria.

Il pénétra ensuite dans la région du **Tanganika**, fit le tour du lac et arriva à l'embouchure de la Loukouga,

Vue d'Oudjiji, bourgade arabe sur la rive N.-E. du Tanganika.

mais ne put se rendre nettement compte de sa véritable direction : ses deux expériences furent contradictoires ; dans l'une, le disque en bois qu'il avait placé sur la rivière fut poussé vers le lac ; dans l'autre, vers la rivière. Il supposa que, depuis le passage de Cameron (1873), les alluvions avaient exhaussé le lit de la Loukouga et obstrué son embouchure, mais que le niveau du Tanganika s'élevant, balaierait l'obstacle des boues et lui rendrait sa première destination ; ce qui se vérifia.

Fuyant l'Oudjiji où sévissait une furieuse épidémie de petite vérole, l'énergique reporter commença alors la troisième partie de son voyage, du Tanganika à l'Atlantique.

En s'éloignant de Nyangoué, il abordait une région entièrement inconnue. Le Loualaba changeant de nom à chacun de ses affluents, il l'appela désormais le **Livingstone.** Le *Lady-Alice* et d'autres pirogues descendirent le fleuve au milieu des populations hostiles et cannibales ; les villages étaient ornés de crânes humains. De tous côtés s'élevait le cri de guerre ; Stanley essaya plusieurs fois de négocier, on lui répondait par une grêle de traits ou des attaques nocturnes. Dans 32 combats, il lui fallut s'ouvrir un passage à coups de carabine, et verser le sang sur les bords du fleuve jusqu'au Stanley-Pool ; il fallut aussi, pour tourner les deux séries de cataractes qui barrent le fleuve, tailler dans la forêt vierge plus de 20 kilomètres de chemin et traîner les embarcations jusqu'à l'eau navigable.

Le 3 juin 1878, au passage des rapides de Massassa, non loin d'Isanghila, il eut la douleur de perdre son ami Franck Pocok, le dernier de ses trois compagnons blancs, noyé dans le fleuve ; lui-même pensa être englouti dans les cataractes de Moua et il n'échappa que par miracle aux tourbillons de Mbélo, où il fut précipité avec le *Lady-Alice*. De la dernière des 32 cataractes Livingstone, il gagna Boma par terre et arriva enfin à Kabinda, port sur l'Atlantique, le 10 août 1877, après « un voyage de 999 jours à travers le Continent Mystérieux » où il avait parcouru plus de 12,000 kilomètres de chemin.

Sa découverte du Congo est la plus fructueuse exploration des temps modernes ; aussi l'Europe étonnée fit-elle à Stanley, absent depuis trois ans, un accueil triomphal, et pendant longtemps la presse et les revues savantes contèrent ses exploits.

Nous verrons dans le chapitre suivant comment Stanley retourna en Afrique pour jeter les fondements de l'Etat du Congo ; enfin on sait aujourd'hui le résultat de son expédition au secours d'*Emin-Pacha*, prisonnier sur le Haut-Nil (1). Parti par la côte occidentale en 1887, il remonte le Congo et l'Arouhimi, découvre le lac *Albert-Edouard* (Mouta-Nzighé) et ramène par Zanzibar *Emin-Pacha* (D^r allemand Schnitzler), gouverneur de Wadelaï, avec les restes des troupes égyptiennes, fuyant l'invasion des Mahdistes (1889).

Au ch. IV, nous parlerons de M. de Brazza et des grandes explorations françaises dans le Gabon et le Congo occidental, mais il est nécessaire, pour l'intelligence de l'histoire, de traiter ici de la fondation de l'ASSOCIATION INTERNATIONALE AFRICAINE, point de départ de la division politique actuelle de ce continent.

---

(1) Voir, pour les détails, notre ouvrage intitulé : STANLEY L'AFRICAIN, sa jeunesse et ses quatre grandes expéditions dans le Continent mystérieux. Beau vol., grand in-8°, 312 pages.
La publication de cet ouvrage nous permet de supprimer ici le chapitre qui, dans la 1re édition, était consacré à la découverte du Congo.

CHAPITRE II.

ASSOCIATION INTERNATIONALE AFRICAINE.

I. Conférence de Bruxelles, 1876.

Invitation à la conférence de Bruxelles. — Le roi Léopold II a toujours porté le plus vif intérêt aux questions géographiques, et l'on se rappelle qu'il fit, étant encore duc de Brabant vers 1864, un long voyage autour du monde.

Il n'est donc pas étonnant qu'ayant ainsi appris à connaître les hommes et les choses des pays étrangers, le duc de Brabant, devenu roi des Belges, ait suivi d'un œil attentif les explorateurs qui se lançaient, en Afrique particulièrement, à la recherche de l'inconnu, ainsi que les philanthropes qui, comme Livingstone et les missionnaires catholiques, se dévouaient à l'amélioration du sort des peuplades noires.

Aussi bien, vers le milieu de l'année 1876, désirant y contribuer dans la mesure des moyens que lui donnaient sa fortune, la générosité de son cœur et sa haute position sociale, Sa Majesté adressait-elle à plusieurs personnages éminents belges et étrangers une invitation à une « Conférence géographique », dont elle déterminait le but dans les termes suivants :

« Dans presque tous les pays, » disait le Roi, « on

prend un vif intérêt aux découvertes géographiques récemment faites dans l'Afrique centrale.

» Plusieurs expéditions, alimentées par des souscriptions particulières, qui prouvent le désir qu'on a d'arriver à un résultat important, se sont faites et se font encore en Afrique. Des Anglais, des Américains, des Allemands, des Italiens et des Français ont pris, à des degrés divers, part à ce généreux mouvement. Ces expéditions répondent à une idée éminemment civilisatrice et chrétienne : *abolir l'esclavage en Afrique*, percer les ténèbres qui enveloppent encore cette partie du monde, en reconnaître les ressources qui paraissent immenses, en un mot, *y verser les trésors de la civilisation*, tel est le but de cette croisade moderne. Jusqu'ici les efforts que l'on a tentés ont été faits sans accord; aussi le sentiment se produit-il aujourd'hui, surtout en Angleterre, que ceux qui poursuivent un but commun en confèrent pour régler leur marche, pour poser quelques jalons, délimiter les régions à explorer, afin qu'aucune entreprise ne fasse double emploi.

» J'ai constaté récemment, en Angleterre, que les principaux membres de la Société de géographie de Londres sont très disposés à se rencontrer à Bruxelles avec les présidents des grandes sociétés de géographie du continent, et les personnes qui se sont, par leurs voyages, leurs études, leurs goûts philanthropiques et leur esprit de charité, le plus identifiées avec les tentatives d'introduire la civilisation en Afrique. Cette réunion donnerait lieu à une sorte de conférence, dont l'objet serait de discuter en commun la situation actuelle de l'Afrique, de constater les résultats atteints, de préciser ceux qui restent à atteindre... . »

Réunion de la Conférence. — L'assemblée, qui se réunit le 12 septembre 1876, au palais de Bruxelles, fut brillante : présidée par le Roi, elle renfermait dans son sein un grand nombre d'illustrations politiques, de savants géographes, de célèbres voyageurs, parmi lesquels nous citerons :

Pour l'Allemagne, le baron de Richthofen, président de la Société de géographie de Berlin, MM. Nachtigal, Schweinfurth et Rohlfs, voyageurs célèbres ;

Pour l'Autriche-Hongrie, le comte Zichy et M. de Hochstetter, président de la Société de géographie de Vienne ;

Pour l'Angleterre, sir Bartle Frère, ancien gouverneur du Cap, sir Rutherford Alcock, président de la Société de géographie de Londres, le major-général sir Henri Rawlinson, le contre-animal sir Léopold Heatly, le commandant Verney Lowett Cameron, explorateur ;

Pour la France, l'amiral de la Roncière le Noury, MM. Ferdinand de Lesseps, promoteur du percement des isthmes de Suez et de Panama, et Maunoir, secrétaire de la Société de géographie ;

Pour l'Italie, le commandant Negri ;

Pour la Russie, M. de Semenow.

Les six grandes puissances de l'Europe s'étaient donc fait représenter.

La Belgique l'était par MM. le baron Lambermont, Banning, Em. de Borchgrave, Couvreur, le comte Goblet d'Alviella, E. de Laveleye, Sainctelette, Smolders, Van Biervliet, Van den Bosche et Van Volxem.

En ouvrant la conférence, le Roi prononça le discours suivant que nous reproduisons en entier, parce qu'il expose parfaitement le caractère de l'œuvre africaine :

LÉOPOLD II
*Roi des Belges, Fondateur de l'Association internationale Africaine (1876)
Souverain de l'Etat indépendant du Congo (1885).*

« Messieurs,

Le sujet qui nous réunit aujourd'hui est de ceux qui méritent au premier chef d'occuper les amis de l'humanité. Ouvrir à la civilisation la seule partie de notre globe où elle n'ait point encore pénétré, percer les ténèbres qui enveloppent des populations entières, c'est, si j'ose le dire, une croisade digne de ce siècle de progrès ; et je suis heureux de constater combien le sentiment public est favorable à son accomplissement; le courant est avec nous.

» Messieurs, parmi ceux qui ont le plus étudié l'Afrique, bon nombre ont été amenés à penser qu'il y aurait avantage, pour le but commun qu'ils poursuivent, à ce que l'on pût se réunir et conférer en vue de régler la marche, de combiner les efforts, de tirer parti de toutes les ressources, d'éviter les doubles emplois.

» Il m'a paru que *la Belgique, Etat central et neutre, serait un terrain bien choisi* pour une semblable réunion, et c'est ce qui m'a enhardi à vous appeler tous, ici, chez moi, dans la petite conférence que j'ai la grande satisfaction d'ouvrir aujourd'hui. Ai-je besoin de vous dire qu'en vous conviant à Bruxelles, je n'ai pas été guidé par des vues égoïstes. Non, messieurs; si la Belgique est petite, elle est heureuse et satisfaite de son sort; je n'ai d'autre ambition que de la bien servir. Mais je n'irai pas jusqu'à affirmer que je serais insensible à l'honneur qui résulterait pour mon pays de ce qu'un progrès important dans une question qui marquera dans notre époque, fût daté de Bruxelles. *Je serais heureux que Bruxelles devînt en quelque sorte le quartier-général de ce mouvement civilisateur.*

» Je me suis donc laissé aller à croire qu'il pourrait entrer dans vos convenances de venir discuter et préciser en commun, avec l'autorité qui vous appartient les voies à suivre, les moyens à employer pour planter définitivement l'étendard de la civilisation sur le sol de l'Afrique centrale ; de convenir ce qu'il y aurait à faire pour intéresser le public à votre noble entreprise et pour l'amener à y apporter son obole.

» Mon vœu est de servir, comme vous l'indiquerez, la grande cause pour laquelle vous avez déjà tant fait. Je me mets à votre disposition dans ce but, et je vous souhaite cordialement la bienvenue. »

Après trois jours d'études et de discussions, la conférence, avant de se séparer, vota les résolutions suivantes :

Déclaration au sujet des stations. — « Pour atteindre le but de la Conférence internationale de Bruxelles, c'est-à-dire : explorer scientifiquement les parties inconnues de l'Afrique, faciliter l'ouverture des voies qui fassent pénétrer la civilisation dans l'intérieur du continent africain, rechercher des moyens pour la *suppression de la traite des nègres*, il faut :

1º Organiser, sur un plan international commun, l'exploration des parties inconnues de l'Afrique, en limitant *les régions à explorer*, à l'orient et à l'occident, par les deux océans (Indien et Atlantique), au midi par le bassin du Zambèse, au nord par les frontières du nouveau territoire égyptien et le Soudan indépendant. Le moyen le mieux approprié à cette exploration sera l'emploi d'un nombre suffisant de voyageurs isolés, partant de diverses bases d'opération ;

2º Etablir, comme bases de ces opérations, un certain nombre de *stations scientifiques et hospitalières*, tant sur les côtes de l'Afrique que dans l'intérieur du continent, par exemple, à Bagamoyo et à Loanda, ainsi qu'à Oudjiji, Nyangoué et autres points déjà connus, qu'il faudrait relier par des stations intermédiaires. »

On décida ensuite la formation d'une *Commission internationale* et de *Comités nationaux*.

La première, faisant fonction de comité exécutif, fut formée du Roi des Belges, *président*; de MM. le docteur Nachtigal, de Quatrefages et Sanfort (remplaçant sir Bartle Frère), *membres*; M. le colonel belge Strauch, *secrétaire-général*; M. Galezot, *trésorier*.

Quant aux *Comités nationaux* (belge, allemand, français et autres), qui devaient se tenir en rapport avec le Comité central, on leur laissait le choix des moyens d'organisation, selon les circonstances de chaque pays.

Telle fut l'origine, en 1876, de l'**Association internationale Africaine,** dont l'existence devait durer jusqu'à la création de l'Etat libre du Congo, en 1885.

Le Comité belge. — Grâce à l'impulsion donnée par le Roi, le Comité belge fut naturellement le premier organisé.

Nous reproduisons ici en partie un troisième discours que prononça le Roi dans la séance d'installation de ce Comité, le 6 novembre 1876. On y voit particulièrement l'intérêt que S. M. portait à l'abolition de la traite des noirs.

« Messieurs, *L'esclavage*, qui se maintient encore sur une notable partie du continent africain, *constitue une plaie que tous les amis de la civilisation doivent désirer voir disparaître.*

» Les horreurs de cet état de choses, les milliers de victimes que la traite des noirs fait massacrer chaque année, le nombre plus grand encore des êtres parfaitement innocents qui, brutalement réduits en captivité, sont condamnés en masse à des travaux forcés à perpétuité, ont vivement ému tous ceux qui ont quelque peu approfondi l'étude de cette déplorable situation et ils ont conçu la pensée de se réunir, de s'entendre, en un mot, de fonder une association internationale pour mettre un terme à ce trafic odieux, qui fait rougir notre époque, et pour déchirer le voile qui pèse encore sur cette Afrique centrale. Les découvertes, dues à de hardis explorateurs, permettent de dire dès aujourd'hui, qu'elle est une des contrées les plus belles et les plus riches que Dieu a créées. »

Expéditions belges dans l'Afrique orientale (1877-1884). L'attente du roi ne fut pas vaine. De toutes parts en Belgique, on dressa des listes de

Capitaine Crespel, chef de la
1re expédition belge.

Capitaine Storms, chef de la
4e expédition belge.

souscription, dont la somme s'éleva bientôt à un demi-million.

Grâce à ces ressources, le Comité belge était le premier en mesure de mettre la main à l'œuvre, en organisant successivement cinq expéditions qui partirent pour Zanzibar.

Le résultat de ces expéditions fut la fondation des deux stations belges du lac Tanganika : celle de *Karéma*, sur la rive orientale, établie en 1879, par le capitaine Cambier, et celle de *Mpala*, sur la rive occidentale, due au capitaine Storms, 1882.

Ces deux stations sont en ce moment (1892) confiées aux Missionnaires français d'Alger.

De leur côté, quelques autres comités nationaux avaient créé des stations sur la route de Zanzibar au Tanganika : une station allemande à Mpouapoua et à Kakoma, une station française à Condoa, une station mixte à Tabora ; tandis que les Anglais continuaient leurs explorations dans toute la région des grands lacs, particulièrement du Tanganika.

Toutefois, bientôt se manifestèrent les tendances particulièrement nationales et quelque peu égoïstes qui amenèrent peu à peu la désunion et la dissociation.

Le roi des Belges dut s'en apercevoir assez tôt, et sentir la nécessité de restreindre son action personnelle à une région plus limitée. Aussi, lorsque sur la fin de 1877, Stanley fut venu révéler au monde étonné l'existence de la grande artère fluviale du « Livingstone », le Roi le fit venir à Bruxelles et jeta avec lui les bases du COMITÉ D'ÉTUDES DU HAUT-CONGO (1878), qui devait bientôt après se transformer en ASSOCIATION INTERNATIONALE DU CONGO.

II. STANLEY FONDE LES STATIONS DU CONGO (1879-1884).

Stanley retourne au Congo (1879-82). — C'est au début de l'année 1879 que Stanley, à peine remis des épreuves de son mémorable voyage, repartit pour l'Afrique. L'œuvre qu'il y allait entreprendre était nouvelle ; elle ne pouvait être confiée dès l'origine à des novices inexpérimentés ou peu sûrs. C'est à Zanzibar, parmi ses anciens compagnons de travaux, qu'il alla recruter les auxiliaires indigènes qui lui étaient indispensables, pendant que les auxiliaires Européens partaient d'Anvers avec le matériel nécessaire.

« Le 14 août 1879, » écrit Stanley, « j'arrivai devant l'embouchure du Congo pour le remonter, avec la mission originale de semer, le long de ses rives, des établissements civilisés, de conquérir pacifiquement le pays, de le jeter dans un moule nouveau pour le mettre en harmonie avec les idées modernes, et d'y constituer des Etats, au sein desquels le commerçant européen fraterniserait avec le noir commerçant d'Afrique ; où règneraient la justice, la loi et l'ordre ; d'où seraient bannis à jamais le meurtre, l'anarchie et le cruel trafic des esclaves. »

Tel était le programme à remplir.

L'expédition réunie aux bouches du Congo, se composait alors de un Américain, deux Anglais, cinq Belges, deux Danois et un Français. Son chef avait de plus sous ses ordres soixante-huit Zanzibarites, soixante-douze Kabindas, quelques nègres de la côte et cinquante indigènes de Vivi engagés à la journée.

Le Congo est navigable jusqu'à la distance de 184 kilomètres de la côte ; c'est sur ce point que Stanley se mit à l'œuvre en fondant la **station de Vivi**. Cet établissement s'élève dans un site pittoresque, sur une colline baignée par le fleuve, à 11 kilomètres en aval de la grande chute de Yellala, à 16 kilomètres en arrière des derniers comptoirs européens.

Les bâtiments de la station présentent l'aspect d'un rectangle dont les côtés mesurent 125 mètres sur 50 ; ils comprennent plusieurs maisons, des logements pour les Zanzibarites, des magasins, des hangars, des ateliers, dominés par un chalet à étage qui sert de demeure au chef.

La station de *Vivi* était fondée le 1er février 1880. Stanley entama aussitôt la construction de la route qui devait relier ce point à un second établissement qu'il comptait établir au-dessus de la cataracte d'Isanghila. La distance était de 83 kilomètres, à travers une contrée sauvage, abrupte, profondément bouleversée par des convulsions souterraines. L'expédition, forte alors de cent quarante hommes, ne pouvait ici trouver sa subsistance dans le pays ; elle dut la faire venir à grands frais d'Europe. Campée sous des tentes, elle transportait en même temps avec elle un énorme matériel naval et technique. Ce grand travail d'ingénieur et de mineur absorba onze mois : c'était la première section de la route vers le Stanley-Pool. A son extrémité s'éleva la *station d'***Isanghila**, au fond d'une crique profonde, sur une colline haute de 50 mètres. Une grande maison d'habitation, un magasin en briques, un jardin clôturé, des logements pour les Noirs, constituèrent les principaux éléments de cette station.

A partir de ce point, le Congo, bien que toujours hérissé d'obstacles, est relativement navigable sur une étendue de 120 kilomètres. L'expédition reprit la voie fluviale, et, en trente-trois voyages, elle transporta son matériel jusqu'à Manyanga, qu'elle atteignait au mois de mai 1881. De graves difficultés l'y attendaient; son chef tomba dangereusement malade, en même temps que les indigènes se montraient plus hostiles, plus défiants, moins accessibles à l'intelligence du but de l'entreprise. Ce ne fut toutefois qu'un arrêt momentané ; au bout de deux mois, Stanley était rétabli et les négociations conduisaient à la cession amiable d'un terrain sur lequel est établie la *station de* **Manyanga**. Située à deux kilomètres de la grande cataracte de Ntombo-Mataka, dont le mugissement se perçoit dans un rayon de 10 kilomètres, la station occupe le sommet d'une colline de 10 mètres de hauteur.

C'est à cette époque et en cet endroit que le grand voyageur faillit mourir d'une fièvre bilieuse. Déjà il avait mandé dans sa tente les compagnons de ses travaux et leur avait fait ses adieux : « Dites à votre Roi, ajoutait-il d'une voix faible et entrecoupée, que mes forces m'ont trahi, et que je regrette de n'avoir pu accomplir la mission qu'il m'avait confiée. »

Heureusement qu'une médication énergique, jointe à un tempérament de fer, vainquit la maladie.

H. Stanley, lors de son premier voyage dans l'Afrique centrale.

Cent cinquante-deux kilomètres séparent Manyanga du Stanley-Pool. Cette section du fleuve est à peu près innavigable ; d'autre part, sur les deux rives, le sol est profondément raviné dans une notable partie du trajet. Ces obstacles, ainsi que tous ceux échelonnés depuis Vivi, ont été surmontés, mais Dieu sait au prix de quels sacrifices !

« Travaux audacieux et gigantesques, quelquefois même surhumains, dit M. Oscar Roger, l'un des collaborateurs, où l'héroïque Stanley dut déployer cette volonté inflexible, cette patience, cette adresse qui sont ses qualités prédominantes ; car il s'agissait d'acheminer, avec une poignée d'hommes, les chariots sur lesquels étaient chargés les steamers et les autres *impedimenta* de tous genres destinés aux stations futures, et cela, à force de bras, par monts et par vaux, à travers les marécages, à travers les torrents qui coulent au fond des vallées, à travers les rivières qu'il passait sans ponts, aux endroits guéables ; ici s'ouvrant, par un labeur effroyable, une passe dans l'épaisse forêt vierge où il fallait couper le sous-bois, les lianes enchevêtrées, les arbres qui gênaient ; là, pour ne point franchir une montagne escarpée sur les deux flancs, et dont l'ascension et la descente eussent demandé de nombreux jours, et usé peut-être les forces de toute l'expédition, construisant dans le roc, au pied de cette montagne, en déblayant souvent au moyen de la mine, une route remarquable, qui côtoie le Congo, comme le Congo côtoyait autrefois cette montagne. »

Transports et travaux mémorables, représentant en résumé ce qu'ont dû être en grand, les expéditions fameuses d'Annibal et de Bonaparte franchissant les Alpes !

C'est ainsi qu'après deux ans d'héroïques efforts, Stanley avait établi une route suffisante pour le passage des convois et le portage des embarcations. Ce chemin suivait la rive droite de Vivi par Isanghila et Manyanga, partout où il était nécessaire d'abandonner la navigation du fleuve, et il débouchait sur le Stanley-Pool par la rive droite. Mais ici commence une difficulté d'un nouveau genre.

Quand Stanley, devançant l'expédition, arriva, au mois de juillet 1879, au lac où commence le Congo navigable, il se trouva en présence d'une situation imprévue. M. de Brazza avait conclu le 3 octobre de l'année précédente (1880), un traité par lequel le chef Makoko cédait à la France la souveraineté de la rive septentrionale du lac. Quelle que fût la portée de cet acte qui lui semblait étrange, Stanley passa sur la rive gauche où l'appelait un chef ami. Une convention solennelle à laquelle participèrent tous les chefs du pays, assura de ce côté l'avenir de l'entreprise.

Quatre mois après l'arrivée du gros de l'expédition aux bords du lac, la *quatrième* **station**, appelée **Léopoldville**, s'élevait à Ntamo et devenait bientôt un centre de culture et de civilisation ; les indigènes y affluent déjà dans l'espoir d'échanger leurs produits. Cet établissement était à peine créé au mois de février 1882, que Stanley remontait encore de 160 kilomètres le cours libre du fleuve et, grâce à d'importantes concessions obtenues des chefs du pays, fondait une *cinquième* station à **Msouata**, au sud du confluent du Kwa et du Congo. Cet acte avait une haute portée : il annonçait l'ouverture de la navigation intérieure et promettait de nouvelles découvertes.

Quelque temps après, il pénétra dans le Kwa, qu'il croyait être le Koanga venant du sud et qui fut reconnu plus tard pour être le Kassaï inférieur, puis dans un grand lac dont il fit le tour et auquel il donna le nom de lac *Léopold II*.

Malade, Stanley interrompit ensuite, vers le milieu de 1882, son exploration, et revint en Europe, où il dut sans doute exposer au Roi la difficulté soulevée par M. de Brazza. Puis il revint en toute hâte au Congo qu'il remonta jusqu'aux Stanley-Falls, ainsi que nous le verrons ci-après.

Les stations fondées par Stanley, comme les tronçons de route qui les unissaient, avaient le même caractère et remplissaient le même office que les stations établies à la côte orientale par l'Association africaine. Elles étaient internationales ; elles arboraient un drapeau neutre et vivaient sous la simple protection du droit des gens.

Stations du Haut-Congo. — C'est le 24 août 1883 que Stanley partit de Léopoldville pour entreprendre une nouvelle exploration du Haut-Congo, ayant pour objet l'étude du fleuve et de quelques-uns de ses affluents, la conclusion de traités d'alliance avec les chefs indigènes, l'installation de stations hospitalières jusqu'aux chutes dites *Stanley-Falls*.

L'explorateur quitta le Stanley-Pool sur l'*En-Avant*, petite embarcation à vapeur, à roues, de 9 tonneaux de jauge. A la station de **Msouata**, il rallia la baleinière l'*Eclaireur* et les deux steamers le *Royal* et l'*Association internationale africaine* (A. I. A.), tous deux à hélice et jaugeant 8 tonneaux.

Les stations créées ensuite sont :

Kwamouth, au confluent du Kwa (Kassaï) et du Congo;

Bolobo, en amont, à 26 heures de navigation de Kwamouth; un traité de paix fut signé avec le vieux Ibaka, roi des Bayanzi;

Loukoléla, au sud du lac Mantumba, dont Irebou était le chef;

Equateurville, dont la position est bien indiquée sous la ligne équatoriale et au confluent du Rouki;

Bangala, au milieu de ce peuple belliqueux qui s'était opposé au passage de Stanley en 1877, et qui cette fois le reçoit avec enthousiasme et lui demande un chef blanc, qui fut le lieutenant belge Coquilhat.

Au confluent de l'*Arouwimi*, l'explorateur rencontra de nouveau une flotte immense de canots. C'était tout un peuple qui fuyait les chasseurs d'hommes, les traitants Arabes venus de l'est. Il comprit alors pourquoi en 1877 il avait été si vivement attaqué par les indigènes dans la grande bataille de l'Arouwimi : les pauvres sauvages l'avaient sans doute pris, lui blanc et son escorte de Zanzibarites vêtus d'étoffe blanche, pour les chasseurs d'hommes habillés de la même manière. Cette fois il fut témoin de scènes de dévastion inouïes ; il visita un camp « véritable parc de bétail humain » rempli de 1300 esclaves enchaînés, mourant de faim et de misères.

Impuissant à délivrer ces malheureux, Stanley, continua sa course, et arriva aux chutes dites de Stanley où s'interrompt la navigation. Il y fonda la station aujourd'hui célèbre des **Stanley-Falls**, qu'il laissa sous la conduite de l'anglais Bennie.

Puis après avoir envoyé *via Nyangwé* un courrier au commandant de la station belge de *Karéma*, sur le lac Tanganika, établissant ainsi la jonction des relations entre l'est et l'ouest du continent, l'infatigable explorateur redescendit le grand fleuve et rentra le 20 Janvier 1884 à Léopoldville.

Quelque temps après, laissant le commandement des opérations de l'Association internationale à M. Peschuel, il reprit le chemin de l'Europe.

Son voyage d'exploration et d'organisation coloniale est détaillé dans son grand ouvrage intitulé Cinq années au Congo.

Une boma, village palissadé de l'Afrique centrale. Pirogue faite d'un tronc d'arbre.

CHAPITRE III.

PREMIÈRES EXPLORATIONS FRANÇAISES DANS L'OUEST AFRICAIN.

I. MM. DE COMPIÈGNE ET MARCHE.

Les premières opérations. — Pendant que le lieutenant écossais Lowett Cameron traversait le bassin du haut Congo, et que l'anglo-américain Stanley nous faisait connaître le cours entier du grand fleuve, sur les bords duquel il créait les établissements dont nous avons parlé plus haut, des voyageurs et naturalistes, français pour la plupart, exploraient la partie occidentale du bassin, ainsi que les territoires du Gabon et de l'Ogôoué.

Ces territoires, désignés ci-devant sous le nom trop vague de l'OUEST AFRICAIN, et devenus aujourd'hui le CONGO FRANÇAIS, sont loin d'égaler l'importance des régions traversées par les premiers ; néanmoins, ils constituent une région déjà plus vaste que la France et qui pourra s'agrandir encore dans la suite.

En 1842, l'escadre française évoluant dans le golfe de Guinée pour surveiller, d'accord avec l'escadre anglaise, la traite des nègres, choisit comme lieu de refuge et de ravitaillement l'estuaire du *Gabon*, qui fut acheté à deux petits rois riverains appelés Louis et Denis. La prise de possession eut lieu en 1843, et le premier village français, *Libreville*, fut fondé en 1849 sur un plateau de la rive nord du fleuve. En 1862, on s'empara du cap Lopez et du delta de l'Ogôoué.

Toutefois, le commerce français profitait peu de cette colonie, qui fut même abandonnée en 1871.

Vers 1856, Paul du Chaillu, américain d'origine française, chassait le gorille dans les forêts du Gabon, et le récit pittoresque de ses excursions rendit ce pays populaire.

En 1862, MM. Griffon *du Bellay*, chirurgien de marine, et Serval, lieutenant de vaisseau, explorèrent pour la première fois l'Ogôoué dans son cours inférieur.

En même temps, le capitaine anglais *Burton*, l'ancien compagnon de Speke, pénétrait chez les Fans anthropophages, et son compatriote *Reade* parcourait les basses plaines de l'Ogôoué inférieur et de son affluent le Fernand-Vaz.

En 1866, un négociant anglais, M. *Walker*, établit des factoreries chez les Inengas, dans l'Okanda.

En 1867, le lieutenant de vaisseau français, M. *Aymes*, pénétra également dans cette région, et les précieux renseignements fournis par lui attirèrent l'attention des voyageurs sur ce pays.

De 1872 à 1874, MM. **Marche** et de **Compiégne**, en qualité de naturalistes subventionnés par M. Bouvier, de Paris, firent sur le Gabon, l'Ogôoué, chez les Fans et les Pahouins, des excursions périlleuses qui enrichirent l'histoire naturelle, l'anthropologie et la géographie. Malheureusement, obligés de demander aux excursions de chasse les moyens nécessaires pour s'engager dans une aventureuse entreprise, ils ont usé leurs forces et compromis leur santé par de longs mois de séjour dans les parties basses du fleuve, où le climat est des plus pernicieux. Aux premiers jours de 1874, néanmoins, ils se mettaient en route, et pendant trois mois ils remontèrent le cours de l'Ogôoué, cette grande ligne fluviale, sur laquelle M. Aymes avait donné les premières indications un peu précises ; ils furent arrêtés au confluent de l'*Ivindo* par une multitude d'Ossyéba anthropophages, armés de fusils à pierres et de zagaies, qui les firent rétro-

Marquis de Compiègne, explorateur français.

grader précipitamment. Toutefois, ils avaient conquis 200 kilomètres sur l'inconnu.

Nous reverrons plus loin M. Marche en compagnie de M. de Brazza.

Quant au marquis de Compiègne, il avait accepté en 1874 le poste honorable de secrétaire de la Société

Khédiviale de Géographie du Caire, où il fut tué dans un malheureux duel en 1877.

Voici un extrait d'un ouvrage qu'il a laissé sur l'*Afrique équatoriale :*

M. de Compiègne chez le roi-soleil. — « Nous avions choisi pour notre quartier-général Adanlinanlango, résidence de N'Combé, le roi-soleil, au confluent de l'Ogôoué avec le N'Gounié... Le 11 juin, après de grandes difficultés, car la force du courant augmentait à mesure qu'on remontait le fleuve, nous débarquions à la factorerie anglaise que M. Walker a fait construire en cet endroit. La factorerie est à quelques pas de l'Ogôoué, tandis que le village d'Adanlinanlango s'étale à quelques centaines de mètres plus loin sur une colline, au sommet de laquelle sont les cases du roi, de ses femmes et de quelques-uns de ses esclaves. C'est là que se trouvait notre future résidence: une grande case en bambous, appartenant à M. Walker, fut mise par lui à notre disposition...

» Nous devions déjeûner à la factorerie, et j'étais tranquillement assis sur un baril de caoutchouc, écrivant quelques notes, lorsque je me sentis frapper lourdement sur l'épaule. En me retournant je me trouvai face à face avec N'Combé, le *roi-soleil :* c'était un homme d'une taille énorme et d'une figure toute joviale ; il était revêtu d'une immense robe de chambre de popeline écossaise à brandebourgs noirs, entièrement déboutonnée, afin de laisser voir sa chemise blanche sur laquelle brillaient une broche et trois gros diamants fabriqués à Hambourg à deux pour un sou. Son pagne était d'un rouge éclatant. Autour de son cou flottait une ample cravate taillée dans un vieux rideau. Il tenait à la main une canne de tambour-major, et son chef était orné d'un chapeau dit *tuyau de poêle*, orné d'un gros galon d'or au milieu duquel étincelait un magnifique soleil en or. Cette allusion délicate au nom du roi était due à la munificence de la maison allemande, toujours à l'affût de tout ce qui pouvait flatter le maître de ces parages.

» Le possesseur de tant de merveilles se tenait debout devant moi, se rengorgeant comme un paon. Il répétait sans cesse : *Miaré* (c'est moi qui suis) *N'Combé, rey pass todos*, (roi passé tous), *rey sobre todos*, (roi sur tous) *king king kingman* (roi des rois).

» Jamais l'autre roi-soleil, Louis XIV, ne dut paraître aussi fier de sa personne. Tout en me déclinant son nom et ses attributs, N'Combé me serrait les deux mains en riant aux éclats, car N'Combé rit toujours, même et surtout quand il coupe le cou d'un Bakalais, ou entaille le dos de ses femmes. Il se fit ensuite lire la lettre du commandant, et après l'avoir entendue, déclara qu'il donnait, lui, toutes ses terres à la France, mais qu'en revanche nous devions obliger beaucoup de Français à venir séjourner dans son pays. Il se retira ensuite, ayant obtenu de nous la promesse que nous irions nous installer chez lui aussitôt après notre déjeûner, ce qui fut fait....

» Nous prîmes possession de notre nouvelle demeure au milieu des acclamations frénétiques du village, mis en belle humeur par des distributions répétées de rhum. Nous avions pour logement une case en bambous, spacieuse, à deux compartiments, et située à ravir au sommet d'une colline très élevée. A nos pieds se déroulait l'Ogôoué dont la vue pouvait suivre le cours tortueux pendant plus d'une lieue, depuis le premier village bakalais jusqu'à la pointe Fétiche. D'abord le fleuve était droit et resserré, mais il s'élargissait tout à coup et formait une immense nappe d'eau de plus d'un mille de largeur : on pouvait voir, de notre case, plusieurs hippopotames prenant leurs ébats dans ses ondes limpides. Devant nous, l'horizon était borné par les montagnes qui longent le lac Zielé, tandis que derrière prenaient naissance des forêts immenses. Le roi nous voyait avec joie admirer ce magnifique paysage. « Aussi loin, disait-il, que la vue s'étend, c'est mon royaume. » Il mentait impudemment, mais nous fîmes semblant de le croire.

« Nous lui offrîmes notre cadeau de bienvenue ; il consistait en un veston de velours, qui avait vu des jours meilleurs, deux barils de poudre, des étoffes, des perles, du tabac et surtout de l'alougou.... Il se mit ensuite à déguster notre rhum, en faisant mille pasquinades. En contemplant ce joyeux monarque, qui, du matin au soir, riait aux éclats, et répétait sans cesse, comme un perroquet : *N'Combé be king, kingman, rey pass todos*, ou ôtant le chapeau devant le rhum et déclarant que le rhum était le seul roi *pass todos* (par dessus tout), j'écrivais sur mon calepin : « C'est décidément une bonne bête que N'Combé. » Erreur profonde ! N'Combé n'est ni bon ni bête ; mais au contraire méchant et fort roué. »

Funérailles royales. — Quelques mois après avoir quitté Adanlinanlango, MM. de Compiègne et Marche, à leur retour, retrouvèrent le roi-soleil mourant. Il avait, dans une expédition, brûlé un village et fait exécuter la plupart des habitants. Un des survivants lui ayant apporté une bouline de vin de palme, il la but d'un trait, et sans la faire goûter auparavant par ses femmes, sage précaution dont l'oubli lui coûta cher. Le vin était empoisonné. Les Européens essayèrent de le guérir ; mais les femmes et les sujets de N'Combé exigèrent qu'il fût traité à la manière du pays et avalât les remèdes effroyables que préparait le féticheur. Le roi-soleil mourut au milieu de souffrances atroces et d'épouvantables hallucinations.

…. » On avait assis N'Combé dans son grand fauteuil et coiffé d'un bonnet orné de grelots, fait jadis pour quelque rôle de folie au théâtre ; il était revêtu du gilet d'argent, qu'il tenait de notre munificence, et de ses plus beaux pagnes ; entre ses jambes étaient sept ou huit cannes et au-dessus de sa tête se déployait tout grand ouvert cet énorme parapluie dont le défunt était autrefois si fier. Deux femmes avaient chacune une de ses mains dans leurs mains et, de temps à autre, lui secouaient les bras ; ses fils se tenaient debout à ses côtés et pleuraient. Tout cela présentait un incroyable mélange de sinistre et de grotesque. Tous les hommes du village étaient assis autour de la case, leur fusil à la main ; de temps en temps, ils tiraient une salve funèbre.

…. » A onze heures, selon le vœu exprimé par le roi-soleil mourant, on a promené son cadavre dans un hamac autour des factoreries et du village. Le cortège, précédé d'un accordéon, de deux tambours et d'une petite musique de marchand de robinets, était très nombreux et faisait un tapage infernal. D'après l'ordre de M. Walker, Sinclair a donné une barrique de rhum, deux cents livres de poudre et pas mal d'étoffes, pour qu'on pût célébrer d'une manière tout à fait exceptionnelle les obsèques de ce chef illustre. Vers trois heures, on a fait sortir les femmes de la case pour mettre le corps dans son cercueil. La factorerie avait donné une caisse immense ; on la remplit à moitié des plus beaux effets du défunt, que l'on coucha sur ce lit précieux, puis on continua à mettre dans la caisse des objets donnés par la factorerie ou ayant appartenu à N'Combé, tels que son grand chapeau à claque, son chapeau à soleil d'or, ses cannes, ses parapluies, ses gobelets, ses flacons d'eau de lavande et une quantité d'étoffes de toute espèce. On répandit sur le tout le contenu de quatre bouteilles de gin, après quoi le menuisier de la factorerie ferma le cercueil au moyen de clous énormes. Toutes les femmes rentrèrent, et alors éclata une explosion de désespoir plus tapageuse, si c'est possible, que celles qui avaient précédé. »

(Marquis DE COMPIÈGNE, L'*Afrique équatoriale*.)

En 1873, l'amiral *du Quilio* faisait flotter le pavillon français jusqu'à 300 kilom. dans l'intérieur, et le roi N'Combé, déposant devant lui son bâton de commandement, se déclarait le vassal de la France. Peu après, le docteur *Oscar Lenz*, sous les auspices de la Société africaine d'Allemagne, pénétrait chez les Ossyéba et les Asimba, et sa pirogue ne s'arrêtait que devant les rapides de l'Ofoué, affluent de l'Ogôoué. Il fut rejoint chez les Okanda par l'expédition française de M. de Brazza.

II. 1er VOYAGE DE M. DE BRAZZA, AVEC M. MARCHE.

M. Pierre Savorgnan de Brazza est né à Nice en 1852, d'un père italien et d'une mère française. Il entra à l'école navale de Brest, puis en 1870, il offrit ses services au ministre de la marine, et s'embarqua sur la *Revanche*, en qualité d'aspirant de deuxième classe. Après la guerre, il partit avec l'amiral du Quilio et le commandant Duperré pour un voyage d'exploration sur les côtes occidentales d'Afrique.

Après son retour, il se fit naturaliser français et repartit en mission pour l'Ogôoué, en compagnie de M. Marche, l'ancien compagnon de M. de Compiègne, du docteur Ballay et du quartier-maître Hamon, avec une escorte de treize noirs sénégalais et de quatre nègres Gabonais armés.

« Au Gabon, dit M. Lanier, le premier obstacle qui arrêta les voyageurs fut la difficulté des transports.

Point de bêtes de somme chez les peuples de l'Afrique équatoriale ; là, tous les transports se font à dos d'homme ou en bateau, à l'aide de pagayeurs ; et comme les peuplades sont fort nombreuses, il faut constamment changer de bateliers. Les *Gallois*, les *Tuengas*, les *Bakalais* exigeaient des prix exorbitants; les *Okotas* conseillaient aux pagayeurs de déserter. On alla tant bien que mal de Lambaréné à Samquita ; là, il fallut laisser plusieurs caisses de bagages. Les désertions des équipages continuèrent ; les fugitifs emportaient avec eux les marchandises volées ; les voyageurs étaient épuisés par la fièvre. Chez les *Apindji* (février 1876), les pirogues chavirèrent au milieu des rapides, les caisses furent jetées sur les rochers ou emportées à la dérive, les baromètres, chronomètres et autres instruments presque tous brisés ou avariés, les papiers, livres et notes engloutis, une troupe d'indigènes pillards se rua sur les marchandises échappées au naufrage. A Lopé, de nouvelles caisses furent envoyées des factoreries de Samquita, et M. de Brazza y installa des magasins de ravitaillement en cas d'accident. »

Au mois de juillet l'expédition remontait l'Ogôoué jusqu'à 670 km. de la mer, et M. Marche, dans une reconnaissance de son affluent l'Ofoué, rencontrait un village de nains Obongo, déjà vus et nommés par du Chaillu. « La taille des nègres Obongo varie de 1^m50 à 1^m52. Leur chef, un vieillard, l'homme le plus grand de sa tribu, a une taille de 1^m61. Les femmes sont, comme chez tous les autres peuples, plus petites que les hommes ; elles n'ont que 1^m42 ou 1^m43 de hauteur. »

A la chute de *Benoué*, les eaux étant très basses, il fallut traîner les vingt-trois grandes pirogues de roche en roche sur une longueur de 1800 mètres ; au confluent de l'*Ivindo*, les indigènes voulaient en venir aux mains comme en 1874 ; on réussit, à force de cadeaux, à gagner l'amitié des chefs. M. Marche visita seul le pays montueux et boisé des *Obambas*, reconnut la rivière *Kailéi* (ou *Loukélé*) et rejoignit ses compagnons aux cataractes de Doumé. Le pays des *Adouma* où ils s'avancèrent, n'avait jamais été vu par un Européen. C'est là que plus tard les Pères du Saint-Esprit vinrent établir une mission aujourd'hui très prospère.

Un peu au delà des cataractes de Doumé, les deux explorateurs se séparèrent.

« Le 15 juin, dit M. Marche, il me fallut quitter l'expédition. Depuis le mois de juillet 1876, j'avais des accès de fièvre périodique que la quinine n'avait pu vaincre ; de plus, mon hépatite empirant, me rendait incapable de rien faire. Je partis donc le 15 avec mon chien pour tout compagnon. Je n'avais pu ni voulu prendre des hommes de l'expédition, dont le personnel était déjà trop restreint, les Adouma ne voulant remonter à aucun prix.

» Je retrouvai les Okanda campés dans une île avec leurs esclaves ; il y avait là des hommes, des femmes et des enfants de tout âge. Les hommes avaient une bûche aux pieds et les mains passées dans une espèce de morceau de bois. Les femmes et les enfants étaient généralement libres. La petite vérole a fait dans le camp d'énormes ravages. Du reste, beaucoup de variolés meurent à la suite des bains froids qu'ils vont prendre le matin, étant couverts de pustules. J'ai vu une femme esclave expirer sur la rive une heure après avoir pris un bain.

» Les esclaves sont vendus aux Okanda par des Adouma qui vont les acheter plus haut ; mais quand ils n'en trouvent pas, ils vendent leur père, leur mère, leurs enfants, parce que, disent-ils, pour être « grand monde », il faut faire du commerce.

» Nous arrivâmes, le 4 au soir, dans l'île où nous étions venus chasser souvent, mon ami de Compiègne et moi. Le lendemain nous allions prendre pied sur la rive du lac et nous nous mettions immédiatement en route. Deux jours et demi nous conduisirent au Como, où un aviso nous attendait pour nous ramener au Gabon. »

M. Marche, explorateur français.

Après le départ de M. Marche, MM. de Brazza et Ballay continuèrent au milieu des plus grandes difficultés et des dangers de toute espèce, et arrivèrent enfin à la chute de Pubara, au-dessus de laquelle la rivière ne présente plus que deux petits cours d'eau sans importance. Ce contre-temps ne les empêcha point de poursuivre leur exploration, par terre cette fois ; ils rencontrèrent bientôt une rivière coulant vers l'est. *C'était l'Alima.*

« Nous atteignîmes, dit M. de Brazza, une petite rivière appelée par les indigènes Ngambo et deux autres formant toutes trois ensemble l'Alima. Ses eaux sont extrêmement limpides et le sable de son lit s'aperçoit très bien à une profondeur de quatre hommes ; ses rives marécageuses sont couvertes d'une végétation tropicale de palmiers, de bambous qui font deux haies tellement touffues qu'elles barrent le passage.

» Nous pensions que l'Alima nous conduirait vers quelque grand lac intérieur au sud du Soudan, car on nous montra un sel noir qui, selon moi, ne pouvait venir que des lacs salés du centre, soupçonnés par Nachtigal et Piaggia, lacs dont l'Alima semblait devoir être tributaire. »

Les voyageurs voulurent descendre la rivière, mais en furent empêchés par l'hostilité des riverains Apfourous, contre lesquels ils durent faire usage de leurs armes à feu, pendant plusieurs jours.

Voici comment M. de Brazza raconte cet incident, qui prouve bien l'obligation, où se trouve parfois le voyageur réputé le plus pacifique, de défendre par la force sa vie et celle de ses compagnons.

Combat contre les Apfourous. — « Je commençai donc, dit l'explorateur, à suivre le cours de l'Alima jusqu'à ce qu'il me fût permis d'entrer en relation avec les Apfourous. Le premier campement que nous aperçûmes sur le rivage s'était en quelque sorte vidé comme par enchantement à cause de notre approche. Cependant, m'étant avancé seul, je trouvai un Apfourou étendu sur une natte à côté d'un feu où bouillait une marmite. Sans doute celui-là était endormi au moment de l'alerte et venait seulement de s'éveiller. Pour le rassurer, je m'assis à quelques pas et gardai le silence ; mais à peine eus-je fait un geste et prononcé deux paroles que le malheureux, saisi d'une terreur folle, se releva et disparut en un instant.

» J'examinai alors le campement : tout indiquait les préparatifs d'un départ précipité, causé sans doute par notre approche. Deux pirogues étaient accostées à la rive et l'on y avait entassé en désordre les objets les plus précieux.

» Les peuplades riveraines en amont de la rivière n'entendaient pas qu'on naviguât sur leurs eaux.

» En effet, les Apfourous avaient abandonné une partie de leurs campements pour se concentrer sur ceux qui étaient situés dans des positions stratégiques plus avantageuses, afin de barrer le passage aux blancs. L'indice le plus manifeste de leur résolution d'entrer en hostilité était le renvoi de leurs femmes et de leurs enfants qu'ils avaient mis à l'abri dans leur pays.

» Le jour où, embarqués dans nos huit pirogues, nous commençâmes notre descente, le premier village apfourou nous laissa passer sans nous inquiéter. Cette tolérance provenait-elle d'un revirement d'idée ou de la surprise causée par la rapidité de notre marche ? Notre incertitude cessa bientôt, car le cri de guerre retentit et plusieurs pirogues se mirent à notre poursuite sans toutefois se rapprocher de nous. Mais quand nous découvrîmes dans le lointain un nouveau village, les cris des pagayeurs qui nous suivaient redoublèrent d'intensité. On leur répondait des villages devant lesquels nous allions passer et où l'on se préparait à nous accueillir à coups de fusil.

» Il ne pouvait nous rester aucun doute et nos porteurs ne s'y trompaient pas ; ils abandonnaient leurs pagaies pour se blottir au fond des pirogues. Nos hommes d'escorte durent alors quitter leurs fusils pour maintenir les embarcations au milieu du fleuve. Nous étions partis de bonne heure et nous avions fourni une assez longue descente au moment où les premiers coups de feu partirent des rives. La fusillade, d'abord rare et mal assurée, devint plus nourrie et plus dangereuse. Trois de mes hommes ayant été légèrement blessés, il fut impossible de les empêcher de laisser leurs pagaies et de faire le coup de feu, inconvénient fort grave : car nos porteurs étant couchés au fond des pirogues, nos hommes étaient seuls à la manœuvre.

» Pendant le reste de cette longue journée, nous fûmes attaqués par tous les villages devant lesquels nous passions et poursuivis par leurs pirogues.

» Il aurait été téméraire de s'engager dans une affaire de nuit contre des gens qui connaissaient la rivière et avaient sans doute pris toutes leurs mesures pour nous barrer le passage. Nos pirogues allèrent s'adosser à un banc d'herbes flottantes et attendirent. Soit que les Apfourous eussent deviné notre projet, soit qu'ils voulussent se tenir en éveil, des feux nombreux furent allumés sur chaque rive et nous enlevèrent tout espoir de passer inaperçus à la faveur de la nuit.

» La nuit fut continuellement troublée par des clameurs, les chants de guerre, le son du tam-tam et les ombres qui circulaient à distance autour de notre groupe. On entendait vers l'est le bruit des pagaies ; c'étaient les pirogues des établissements d'aval qui remontaient le fleuve pour prendre part à la lutte.

» On les entendait chanter que nous étions de la viande pour leur festin de victoire. En présence de ces préparatifs je jugeai prudent de prendre position sur la rive, où mes laptots se trouvaient plus libres de leurs mouvements que dans nos embarcations.

» Au point du jour nous vîmes déboucher d'une pointe qui masquait le bas du fleuve, une trentaine de pirogues chargées de noirs armés de fusils. Cette flottille se distribua régulièrement sur les deux ailes, de manière à nous attaquer de deux côtés à la fois. Quand les Apfourous furent arrivés à une distance d'une quarantaine de mètres, le feu commença de part et d'autre. Nous avions quinze fusils entre des mains suffisamment exercées. La rapidité de notre tir et la

Un village nègre dans l'Afrique centrale.

précision de nos armes eurent bientôt raison de nos ennemis ; quelques minutes s'étaient à peine écoulées, qu'ils cherchaient un prompt salut dans la fuite.

» Mais il était évident qu'à mesure de notre descente nous traversions une quantité toujours croissante d'ennemis, car nous n'étions pas encore sur le véritable territoire des Apfourous, mais seulement sur celui de leurs établissements d'amont.

» Ces Apfourous montraient, il faut le reconnaître,

beaucoup de courage. Je me souviendrai toujours de l'homme qui était dans la pirogue de tête, celle sur laquelle se concentra tout notre feu ; il ne cessa jamais de se tenir debout et d'agiter son fétiche au-dessus de sa tête : il fut préservé des balles qui pleuvaient autour de lui. »

Découverte de la Licona. — L'ignorance où ils étaient du pays, la faiblesse de l'escorte, le nombre toujours croissant des ennemis ne permettaient pas aux explorateurs de se frayer un passage de vive force le long du fleuve. M. de Brazza prit alors la résolution de quitter l'Alima et ses rives peuplées d'ennemis si acharnés à la perte de l'expédition.

« J'ai *regretté depuis lors*, dit M. de Brazza, de n'avoir pas obéi à ma première inspiration, lorsque j'appris, par le récit des voyages de Stanley, qu'en moins de cinq jours (plutôt deux mois) nous nous serions par une pointe hardie engagés dans les eaux du Congo, au lieu d'aboutir à quelque impasse lacustre où nous aurions été à la merci des Apfourous. »

Le côté de l'est étant donc fermé par la guerre, on prit la route du nord et on arriva dans une contrée désolée par la famine. Le manque de vivres obligea M. de Brazza de renvoyer à Lopé le Dr Ballay avec la plupart de ses hommes. Lui-même, accompagné de M. Hamon et de quelques porteurs seulement, continua son voyage et poussa jusqu'à un demi degré au-delà de l'équateur ; là, il trouva une seconde rivière qui se dirigeait également vers l'est et qui portait le nom de *Licona*.

« A une trentaine de kilomètres au nord du Lebaï N'gouco, dit-il, je rencontrai la Licona, un peu moins importante au point où je la traversai que l'Alima. Elle suit approximativement la direction de la ligne équatoriale dans le sens de l'ouest à l'est et reçoit un peu en aval le confluent du Lobo et du Lebaï N'gouco. Elle devient bientôt si considérable qu'il faut, au dire des indigènes, plus d'une demi-journée pour la traverser d'une rive à l'autre. Il y a des hommes qui y naviguent des mois entiers, se réfugiant le soir dans des îles pour y passer la nuit. Ce sont ces gens-là qui viennent chercher les esclaves enlevés par les Anghiés et qui emmènent leur marchandise humaine dans des régions dont personne ne revient. Ces mêmes gens ont des fusils, de la poudre et des pagnes (étoffes blanches) de fabrication européenne.

» Ces indications, qui me semblaient alors suspectes, se justifient aujourd'hui, lorsque je réfléchis que les indigènes confondaient le cours inférieur de la Licona avec celui du Congo. »

Nous verrons plus tard que cette rivière n'est qu'un faible affluent de la *Licuala*, tributaire du grand fleuve.

On peut regretter que, cette fois encore, M. de Brazza n'ait pas résolument suivi cette route, qui l'eût mené à une découverte aussi importante. Mais alors le manque de vivres, le mauvais état de sa santé et surtout l'approche de la saison pluvieuse qui l'aurait condamné à un repos forcé, l'engagèrent à rentrer au Gabon, où il arriva épuisé et sans ressources. Il y trouva à sa grande joie un secours inattendu : le roi des Belges, pour le récompenser de sa persévérance, avait généreusement mis à sa disposition une somme de 20,000 fr. qui le tira d'embarras.

Cet envoi, « nous le devions, dit l'explorateur, à la haute bienveillance du roi des Belges, président de l'Association Africaine internationale. Que S. M. le roi Léopold II daigne agréer ici l'expression de notre gratitude. » (1)

---

(1) N. Ney. Conférences et lettres de M. de Brazza, page 54.

Ce fut aussi au Gabon qu'il apprit le voyage aventureux de Stanley à travers le continent, et il en conclut immédiatement que les rivières qu'il venait de découvrir devaient aller se déverser dans le grand fleuve que le hardi anglo-américain venait de descendre.

Revenu en Europe, M. de Brazza se rendit aussitôt à Bruxelles pour présenter ses hommages au roi des Belges et le remercier de sa générosité. Le roi lui proposa de fonder une station hospitalière à l'ouest, comme le capitaine Bloyed en allait établir une du côté de Zanzibar. M. de Brazza accepta avec l'autorisation du gouvernement français, qui le mit à la disposition du comité français de l'Association ; mais comme ce comité manquait de fonds pour établir deux stations, la caisse centrale de Bruxelles envoya dans ce but 20,000 fr. à M. de Lesseps, qui en était président.

Cette somme fut remboursée plus tard.

CHAPITRE IV.

M. P. DE BRAZZA ET LE ROI MAKOKO.

DEUXIÈME VOYAGE DE M. DE BRAZZA.

Programme. — Le but de ce deuxième voyage au Gabon-Congo du grand explorateur au service de la France, est parfaitement défini dans une note-projet émanant du ministère de la marine (1879), et dont la prompte exécution a valu à la République l'une de ses plus importantes colonies.

Voici en substance le contenu de cette note :

Les dernières découvertes en Afrique avaient appris que le Congo, barré dans son cours inférieur par des rapides et par des chutes, est navigable dans son cours supérieur pendant près de deux mille kilomètres, sans compter la partie navigable que peuvent présenter neuf affluents qu'il reçoit dans cette région.

L'embouchure du Congo n'appartenait alors à aucune puissance européenne. Un peu au-dessus se trouvait la colonie portugaise d'Angola ; plus au nord, la colonie française du Gabon. Le fleuve venant du nord, sa portion navigable se trouve vers le Gabon. Des explorateurs français venant du Gabon avaient déjà planté le pavillon national sur deux grands affluents du fleuve qui coule à l'est.

Frappées des avantages commerciaux que présente cette grande artère, diverses nations cherchaient à en

---

1) Napoléon Ney. Conférences et lettres de P. Savorgnan de Brazza, p. 413

prendre possession. L'Association internationale Africaine, en particulier, venait d'y envoyer Stanley avec un matériel considérable et des ressources illimitées.

Seule la France, qui avait plus de droits que toute autre puissance, et par la situation de sa colonie du Gabon et par l'exploration officielle faite par un officier français, ne pouvait s'abstenir dans cette lutte pacifique. Il suffisait pour réserver ses droits, et sans engager l'avenir, d'aller planter le drapeau français au Stanley-Pool avant que l'expédition internationale n'eût pu le faire. Cela était possible, si pendant que Stanley, obligé de se frayer une route dans un pays difficile, ayant sa marche ralentie par un matériel considérable et des *impedimenta* nombreux, un agent français connaissant le pays, partait de la colonie française sans bagages et arrivait par une marche rapide au-dessus des chutes du fleuve.

C'était l'application pure et simple du principe de droit qui veut « que la terre appartienne au premier occupant. »

Pour arriver à ce résultat, ajoute la note, il faudrait :

» 1° Que M. le ministre de la marine donnât à M. de Brazza la mission d'aller planter le drapeau français au Stanley-Pool.

» 2° Que M. le ministre de la marine donnât l'ordre au gouverneur du Gabon de fournir à M. de Brazza, sur le personnel noir de la colonie, dix hommes disposés à le suivre ;

» 3° Qu'il fît construire deux canots à vapeur démontables ;

» 4° Qu'il fournît à M. Ballay (compagnon de M. de Brazza) les moyens de préparer son expédition dans les arsenaux, et fît porter le matériel par les transports de l'Etat ;

5° Qu'on fournît au Gabon les trois Européens et

les vingt-quatre noirs nécessaires pour conduire les canots à vapeur. »

« .... Après certaines hésitations, écrivait plus tard M. de Brazza, le ministère de la Marine approuva mon programme, consentit à me laisser partir et me fournit les crédits nécessaires. Ainsi que je l'avais proposé, le docteur Ballay restait en France avec le soin de compléter les préparatifs d'exploration. Il devait

Pierre Savorgnan de Brazza, explorateur et organisateur du Congo français.

venir me rejoindre en amenant nos vapeurs démontables destinés à la navigation de l'Alima et du Congo, et être accompagné du personnel définitif des stations.

» Du jour au lendemain, je partis d'Europe. C'était le 27 décembre 1879. — Stanley, qui pouvait compter sur des millions, était déjà depuis plusieurs mois dans le bas Congo. »

» Avec la promesse d'une centaine de mille francs destinés à subvenir à tous les frais de l'expédition, je m'élançais, encore malade mais plein d'ardeur, vers l'Ogôoué, non pas en rival, mais en émule d'un homme dont j'admire les qualités. »

M. de Brazza repartit donc le 27 Décembre 1879, en compagnie de MM. Noguez et Michaud. Il arriva en juin 1880, sur le haut Ogôoué, à *Nghimi*, vers 0°45' latitude S. et 13°5' long. E. G., où il résolut d'établir une station.

Les circonstances le favorisaient. Quelques discussions d'intérêt ayant amené un désaccord entre deux tribus voisines, l'une d'elles, se déplaçant, consentit à vendre aux blancs le village et les plantations qu'elle abandonnait près de Nghimi, sur les rives de la Passa.

Ainsi fut fondée la première station du comité français de l'Association internationale. On la nomma *Franceville*, et elle fut confiée aux soins de M. Noguez.

Tandis que M. Michaud retournait sur ses pas à la rencontre de M. Ballay, M. de Brazza, accompagné du sergent Malamine, noir sénégalais, de quelques matelots et de l'interprète batéké Ossiah, s'avança à travers le plateau de partage du bassin du Congo. Sur la route suivie on rencontrait de ces fourches d'esclaves dont on se sert au lieu de chaînes pour conduire ces malheureux. Toutefois les tribus de Batékés reçurent bien les voyageurs ; et les Aboma leur apprirent le nom d'Oloumo qu'ils donnent au grand fleuve, et celui du chef Makoko qui règne dans ces parages.

Ici nous donnerons la parole à M. de Brazza qui, dans une de ses conférences faites à Paris, a raconté les incidents de sa première entrevue avec ce potentat africain.

Vers le Congo. — « Vers la mi-juin, pensant que

M. Ballay et le personnel des stations étaient arrivés à la côte, je les envoyai chercher par 770 hommes montés sur 44 pirogues sous la direction de M. Michaud. Pour la première fois, les gens du haut Ogôoué allaient descendre jusqu'aux factoreries. Je remis alors à M. Noguez la direction de Franceville et prenant une petite quantité de marchandises, je partis pour le Congo, accompagné de mon fidèle interprète Ossiah, du sergent Malamine et de quelques indigènes.

Je savais bien que nous allions retrouver près du grand fleuve ces Apfourou dont les avant-postes établis sur l'Alima nous avaient autrefois barré la route. Mais j'espérais que notre réputation nous aiderait à conclure avec eux un traité de paix sans lequel il ne fallait pas songer à installer notre deuxième station.

Si l'état de ma santé eût été plus satisfaisant j'aurais regardé comme une charmante excursion la traversée des 500 kilomètres en pays inconnu que j'estimais avoir à faire pour atteindre le Congo.

A deux ou trois journées de Franceville, l'aspect change subitement.

Au sol argileux du bassin de l'Ogôoué, à ses humides vallées, cachées sous d'épaisses forêts, à ses collines couvertes de hautes herbes, succède d'abord un terrain accidenté, sablonneux et déboisé, où, çà et là, quelques rares palmiers dénotent la présence d'un village. Nous voici à la limite des bassins de l'Atlantique et du Congo inférieur. Nous constatons que depuis l'équateur jusqu'à Stanley-Pool ces lignes sablonneuses de partage des eaux sont habitées par une même peuplade, les Batékés. On leur a fait une réputation exagérée de cannibalisme ; ils se montrent pacifiques quand on n'attaque pas leurs monopoles. Pendant quelque temps nous suivons une de leurs routes. Trop souvent nous y rencontrons des fourches, instrument dont on se sert ici au lieu de chaîne pour conduire les troupeaux d'esclaves. A cette vue, mes Gabonais anciens esclaves devenus libres, allument joyeusement leurs feux avec ces objets qui leur rappelaient tant de misère.

Quant à moi, dont tous les efforts, partout où j'ai pu séjourner, ont été consacrés à combattre cette ignoble institution, je cherchais non sans tristesse par quel moyen on obtiendrait les plus grands et les plus rapides résultats. Il me semble que si le commerce compris de cette façon entretient l'esclavage, il peut aussi être une arme puissante contre lui. Nous ferons un jour, je l'espère, pour les Batékés ce que nous avons pu faire pour les frères de l'Ogôoué.

Nous fûmes bien accueillis par Ngango, chef indépendant des Achicouya, assez beaux hommes, plus propres et mieux vêtus que les Batékés. Non moins curieux que pacifiques, ils se pressaient sur notre passage en poussant des cris de joie, et ne craignaient pas de ravager leurs plantations en nous accompagnant par centaines à travers les champs de maïs, de manioc, de tabac et d'arachides qui couvrent toute la contrée.

Le même accueil nous attendait de l'autre côté de la Mpama, chez les Aboma, dont le pays est moins cultivé que le précédent. Le commerce des esclaves, la fabrication d'étoffes très fines en fil de palmier et la navigation sont les principales ressources des Aboma.

Ces noirs, les plus beaux et les plus courageux qu'on rencontre entre le Gabon et le Congo, me parlèrent pour la première fois de ce dernier fleuve appelé ici Oulomo, sur lequel commande le puissant chef Makoko, dont ils dépendent.

Chez le roi Makoko. — « Nous suivions, dit encore l'explorateur, depuis peu la rivière Léfini (Lawson), et nous venions de construire un radeau, lorsqu'un chef, portant le collier distinctif des vassaux de Makoko, se présente à moi. — « Makoko, me dit-il, connaît depuis longtemps le grand chef blanc de l'Ogôoué ; il sait que ses terribles fusils n'ont jamais servi à l'attaque et que la paix et l'abondance accompagnent ses pas. Il me charge de te porter la parole de paix et de guider son ami. »

Rarement j'éprouvai une joie plus vive, et déjà j'aurais voulu être près de cet excellent Makoko ; toutefois ne me rendant pas bien compte de la position de sa résidence, et craignant de faire un trop long détour, je continuai à descendre le Léfini en radeau, accompagné de l'envoyé de Makoko qui partageait généralement avec nous les provisions qu'on lui apportait de tous côtés.

Arrivés à Ngampo, nous laissons notre radeau et marchons pendant deux jours sur un plateau inhabité. Brûlé par le soleil, plusieurs fois égaré et me croyant perdu, je commençais à menacer mon guide, lorsqu'à onze heures du soir, après une dernière marche forcée, notre vue s'étendit sur une immense nappe d'eau dont l'éclat argenté allait se fondre dans l'ombre des plus hautes montagnes. Le Congo venant du nord-est, où il apparaissait comme l'horizon d'une mer, coulait majestueusement à nos pieds sans que le sommeil de la nature fût troublé par le bruit de son faible courant. C'était là un de ces spectacles qui imposent au voyageur un religieux silence, et dans ce silence, un cœur de Français battait plus fort en songeant qu'ici allait se décider le sort de sa mission.

On se le rappelle, mon but était de faire la paix avec les Oubandji, connus sous les différents noms d'Apfourou, Bafourou, Achialoum, Agnougnou, etc., dont la signification se rapporte à leur situation géographique, leur métier, leur costume, etc. Le nom de *Caluci d'Abhialoumo* (marins du Congo) est bien mérité par ces Oubandji, qui naissent, vivent et meurent avec leurs familles dans les belles pirogues sur lesquelles ils font seuls les transports d'ivoire et de marchandises entre le haut Alima et Stanley-Pool ; c'est avec leurs chefs, pour ainsi dire maîtres de la navigation, qu'il fallait traiter. Le chef de Ngampo montra de bienveillantes dispositions et se chargea de transmettre aux chefs Oubandji mes propositions : « Choisissez, leur faisais-je dire, entre la cartouche et le pavillon que je vous envoie ; l'une sera le signal d'une guerre sans merci, l'autre le symbole d'une paix aussi profitable à vos intérêts qu'aux nôtres. »

Il me sera permis de dire ici quelques mots d'un homme précieux, qui m'a accompagné dans tous mes voyages. Le batéké Ossiah, parlant presque tous les idiomes de l'Ogôoué et du Congo inférieur, était plus qu'un simple interprète ; c'était aussi un précieux conseiller. Absolument dévoué à ma personne et à nos projets, dont il comprenait l'avantage pour son pays, il a été la cheville ouvrière de mon entreprise, et c'est à lui qu'est dû en grande partie mon succès.

Donnant aux esprits un peu surexcités sur le Congo le temps de se calmer, je me rendis alors chez Makoko.

Dans cette partie du pays, les plateaux sont fertiles, mieux cultivés qu'à l'intérieur ; la population, plus dense, est également pacifique. Sous ce rapport, je dirai une fois pour toutes que l'élément musulman n'ayant pas pénétré dans cette partie de l'Afrique, la civilisation européenne peut y rencontrer une défiance bien naturelle pour tout ce qui est nouveau, mais non cette hostilité, cette haine, ce fanatisme qui nous oblige, par exemple, à n'avancer qu'avec des troupes armées du Sénégal au Niger. Là-bas, il faudrait une colonne expéditionnaire pour assurer le transport d'une tonne de marchandises. Ici le grand chef blanc peut

M. de Brazza chez le roi Makoko. Danse et jongleries du grand Féticheur.

maintenant exprimer un désir : des milliers d'indigènes sont prêts à marcher. Si nous n'avons obtenu ce résultat que petit à petit, c'est que le grand nombre des tribus et des chefs rendaient la tâche plus longue.

En arrivant près des Tuileries de Makoko — composées d'un certain nombre de grandes cases qu'une palissade défend contre la curiosité du public — nous fûmes prévenus que le roi désirait nous recevoir immédiatement. Après avoir procédé à un astiquage général et revêtu nos meilleures loques, nous ne faisions, ma foi, pas trop mauvaise figure, du moins moi avec ma tenue d'enseigne de vaisseau. Tandis qu'Ossiah (l'interprète) allait frapper sur les doubles cloches de la porte du palais pour prévenir de l'achèvement de nos préparatifs, je fis faire la haie à mes hommes qui, suivant l'usage du pays, portaient les armes le canon incliné vers la terre. Aussitôt la porte s'ouvrit. De nombreux serviteurs étendirent devant mes ballots plusieurs tapis et la peau de lion, attribut de la royauté, on apporta aussi un beau plat en cuivre, de fabrication portugaise et datant de deux ou trois siècles, sur lequel Makoko devait poser les pieds. Un grand dais de couleur rouge ayant été disposé au-dessus de ce trône, le roi s'avança, précédé de son grand féticheur, entouré de ses femmes et de ses principaux officiers.

Makoko s'étendit sur sa peau de lion, accoudé sur des coussins ; ses femmes et ses enfants s'accroupirent à ses côtés. Alors le féticheur s'avança gravement vers le roi et se précipita à ses genoux en plaçant ses mains dans les siennes, puis se relevant il en fit autant avec moi, assis sur mes ballots, en face de Makoko. Le mouvement de génuflexion ayant été imité successivement par les assistants, les présentations étaient accomplies. Elles furent suivies d'un court entretien, dont voici à peu près le résumé.

» Makoko est heureux de recevoir le fils du grand chef blanc de l'Occident dont les actes sont ceux d'un homme sage. Il le reçoit en conséquence, et il veut que lorsqu'il quittera ses Etats, il puisse dire à ceux qui l'ont envoyé que Makoko sait bien recevoir les blancs qui viennent chez lui non en guerriers, mais en hommes de paix. »

Si, en face du pays où Stanley livra son dernier combat, je suis parvenu à conclure la paix avec les tribus les plus occidentales, qui sont les navigateurs par excellence du Congo, c'est à l'influence de Makoko que je le dois. En effet, c'est par son intermédiaire qu'en signe de paix et de protection le pavillon français a été arboré par ces tribus, dont nous avions besoin pour assurer, par l'Ogôoué et l'Alima, nos communications avec le Congo, qui est appelé à cet endroit Mali Makoko.

Makoko tenait beaucoup à ce qu'on établît près de sa résidence de Nduo le nouveau village des blancs. Ce n'est pas sans regret qu'il accéda à ma demande de le fixer plus loin à N'couna, même après que je lui eus expliqué la raison de mon choix, qui était d'ouvrir sur ce point une route plus facile aux blancs français (Fallas). « N'tamo m'appartient, dit-il, je te donne d'avance la partie que tu désigneras. Ngahimi donnera ma parole aux chefs qui tiennent la terre en mon nom et qui dépendent désormais de toi. »

C'est pour répondre à sa demande que j'ai ensuite laissé sur ce terrain concédé, le sergent Malamine et deux hommes, à l'entretien desquels il s'offrit de pourvoir jusqu'à mon retour, tant il savait que j'étais dénué de ressources.

Je suis resté vingt-cinq jours chez Makoko, et plus longtemps dans ses Etats; on n'y aurait pas mieux traité ses enfants que nous ne l'avons été. Je vous ferai grâce de tous les entretiens familiers que j'eus presque chaque jour avec Makoko dont la curiosité était insatiable. Ne connaissant les blancs que par la traite des noirs et l'écho des coups de fusils tirés sur le Congo, il était resté longtemps incrédule aux récits que ses sujets lui faisaient de notre conduite. « Sans redouter la guerre plus que les blancs, me disait-il, nous préférons la paix. J'ai interrogé l'âme d'un grand sage, — de mon quatrième ancêtre — et convaincu que nous n'aurions pas à lutter contre deux partis, j'ai résolu d'assurer complètement la paix en devenant l'ami de celui qui m'inspirait confiance. » Accueillies comme elles devaient l'être, ces ouvertures nous conduisirent à la conclusion d'un traité rédigé dans les termes suivants :

Le traité. — *Traité conclu entre le chef Ngaliéné* agissant au nom de Makoko, Souverain des Batékés du Congo, et *M. P. S. de Brazza*, agissant dans l'intérêt de la France.

« Acte de prise de possession d'un territoire cédé et
» adhésion donnée à son acceptation par les chefs feu-
» dataires de Makoko qui l'occupent.

» Au nom de la France et en vertu des droits qui
» m'ont été conférés le 10 septembre et le 3 octobre
» 1880 par le roi Makoko, j'ai pris possession du ter-
» ritoire qui s'étend entre la rivière d'Iné et Impila.
» En signe de cette prise de possession, j'ai planté le
» pavillon français à Okila en présence de Ntaba,
» Scianho Ngaekadah, Fgaeko, Jouma Noula, chefs
» vassaux de Makoko, et en présence aussi de Nga-
» liéné, le représentant officiel de l'autorité de Makoko
» en cette circonstance. J'ai remis à chacun des chefs
» qui occupent cette partie du territoire un pavillon
» français, afin qu'ils l'arborent sur leurs villages en
» signe de ma prise de possession au nom de la France.

» Ces chefs, officiellement informés par Ngaliéné de
» la décision de Makoko, s'inclinent devant son auto-
» rité et acceptent le pavillon. Et par leur signe fait
» ci-dessous, ils donnent acte de leur adhésion à la
» cession de territoire faite par Makoko. Le sergent
» Malamine, avec deux matelots, reste à la garde du
» pavillon et est nommé provisoirement chef de station
» française de Ncouna....

» Par l'envoi à Makoko de ce document fait en triple
» et revêtu de ma signature et du signe des chefs, ses
» vassaux, je donne à Makoko acte de ma prise de pos-
» session de cette partie de son territoire pour l'éta-
» blissement d'une station française.

» Fait à Ncouna, dans les Etats de Makoko, 3 octobre 1880. »

(*Suivent la signature de Brazza et les signes des chefs indigènes.*)

Tels sont les traits principaux de ce traité, qui fut ratifié une vingtaine de jours après mon arrivée, dans une assemblée solennelle de tous les chefs immédiats et vassaux de Makoko. L'acte étant signé, le roi et les chefs mirent un peu de terre dans une petite boîte, et, en me la présentant, le grand féticheur me dit : « Prends cette terre et porte-la au grand chef des blancs ; elle lui rappellera que nous lui appartenons. »

Et moi, — plantant notre pavillon devant la case de Makoko : — « Voici, leur dis-je, le signe d'amitié et de protection que je vous laisse. La France est partout où flotte cet emblème de paix, et elle fait respecter tous ceux qui s'en couvrent. » J'ajoute que, depuis cette époque, Makoko ne manque pas, matin et soir, de faire amener et hisser le pavillon sur sa case, comme il m'avait vu le faire.

Il fallut, non sans regret, nous séparer de lui pour aller avec Nganchouno, sur le grand fleuve, où devait avoir lieu l'assemblée des chefs Oubandji. Il semblait que les négociations au-devant desquelles nous allions dussent aboutir aussi facilement que celles dont l'initiative avait été prise par Makoko.

Quelques jours plus tard, toute une flottille de magnifiques pirogues, creusées chacune dans un seul tronc d'arbre, et portant jusqu'à cent hommes, descendait le fleuve et venait aborder en face de Ngombila. Toutes les tribus Oubandji du bassin occidental du Congo, entre l'équateur et Makoko, avaient tenu à être représentées à ce palabre d'où sortirait la paix ou la guerre. La réunion de ces quarante chefs revêtus de leurs plus beaux costumes était un spectacle véritablement imposant....

La paix fut conclue — et d'abord on enterra la guerre. — Pour cela on fit un grand trou ; puis chaque chef y déposa l'un une balle, l'autre une pierre à feu, un troisième y vida sa poire à poudre, etc., et lorsque moi et mes hommes y eûmes jeté des cartouches, on y planta le tronc d'un arbre qui croît très rapidement. La terre fut rejetée sur le tout, et l'un des chefs prononça cette parole : « Nous enterrons la guerre si profondément que ni nous ni nos enfants ne pourrons la déterrer, et l'arbre qui poussera ici témoignera de l'alliance entre les blancs et les noirs. »

« Et nous aussi, ajoutai-je, nous enterrons la guerre; puisse la paix durer, tant que l'arbre ne produira pas des balles, des cartouches ou de la poudre. » On me remit ensuite une poire à poudre vide en signe de paix et je leur donnai mon pavillon. Mais alors, tous les chefs voulurent en avoir un qu'ils frottèrent contre le premier; et bientôt toute une flottille oubandji fut pavoisée de nos couleurs.

La fondation de notre station du Congo était désormais assurée. »

Fondation de Brazzaville. — La descente du fleuve se fit sur une de ces belles pirogues dont j'ai parlé.

Au bout de cinq jours — la force du vent nous ayant quelquefois obligés à relâcher — l'aspect du Congo changea complètement. Jusqu'ici il coulait entre des berges élevées, écartées de huit cents à deux mille mètres ; maintenant l'horizon s'élargit. Droit devant nous apparut un point noir semblable à un navire ; d'autres surgirent à droite et à gauche ; ils grossirent ; nous reconnaissions des îles. Nos hommes criaient joyeusement ; « Ncouna », c'était le nom indigène d'une sorte de lac formé par le Congo, lac appelé aujourd'hui Stanley-Pool et sur la rive duquel se trouvait N'tamo, dernier village avant les rapides et but de notre voyage.

Par sa position, N'tamo est la clef du Congo inférieur. Nos travaux allaient être récompensés. Les premiers nous allions prendre cette clef, non pour fermer la voie, mais pour en assurer la neutralité.

La faveur dont nous jouissions, grâce à l'amitié de Makoko, nous valut dès notre arrivée un excellent accueil. Pendant dix-huit jours, ce fut à qui nous offrirait le plus de cadeaux.

Les chefs vinrent me rendre l'hommage auquel j'avais droit. Dans un grand palabre, je leur déclarai que j'avais choisi pour notre concession le territoire compris entre la rivière Djoué et Impila, sur la rive droite du Congo. L'acte de prise de possession fut rédigé et signé conformément aux ordres de Makoko, et les villages arborèrent immédiatement le pavillon.

C'était le 1er octobre 1880. Trois mois à peine s'étaient écoulés depuis notre départ de Franceville : dix hommes et un officier avaient tranquillement parcouru près de sept cents kilomètres. Outre les connaissances scientifiques acquises, ils rapportaient un traité d'amitié et de protectorat conclu avec le chef le plus influent du pays et venaient de fonder la seconde station française sur le Congo au village de N'tamo, auquel on a donné le nom de Brazzaville.

Retour vers la mer. — Je laissai mon brave sergent sénégalais Malamine et trois Laptots (soldats nègres du Sénégal) à la garde du poste, et je partis avec les autres.

Précédés jusqu'à présent par notre réputation, nous avions été partout bien reçus. Ici nous nous trouvâmes presque égarés, inconnus à tout le monde. Pour surcroît d'ennui dans le présent, nous arrivâmes sans nous en douter dans un pays de mines de cuivre où les habitants se montraient bien défiants.

Dans notre situation, vouloir satisfaire notre curiosité c'était compromettre le passé et l'avenir. Mieux valait changer de route. J'avoue que cette sage détermination me coûta infiniment, car elle renvoyait la reconnaissance du Niari à une époque indéterminée.

Nous rentrâmes dans un pays accidenté où il fallait constamment escalader et descendre des hauteurs de cinquante à cent cinquante mètres, parfois plus, au sommet desquelles étaient généralement situés des villages, dans une position militaire.

On eût dit que nous étions condamnés à avancer sans relâche. A peine arrivés dans un village, nous trouvions des porteurs qui débarrassaient les précédents de leurs charges et repartaient avec le même entrain. Cela ne dura pas.

Inclinant légèrement notre route vers le Congo, nous rencontrâmes des populations moins naïves et moins empressées de porter nos caisses que de les vider. Elles s'y prenaient, du reste, d'une façon originale, choisissant pour nous voler le moment où elles nous offraient une sorte de divertissement musical.

A leurs grandes et petites flutes, j'opposai les nôtres. Tout en exposant au chef nos réclamations, j'envoyais quelques balles de mon Winchester dans un arbre voisin, et aussitôt on retrouva les objets volés au son d'une plus agréable musique.

Nous avions fait environ quatre vingt-dix kilomètres lorsque le voisinage de nouvelles mines de cuivre et de plomb motiva un nouveau changement de direction, cette fois bien marqué vers le Congo, à travers de grandes montagnes de quartz et de grès colorées en rouge et en jaune par l'oxyde de fer.

Ici nous entendons parler des blancs. Nous revoyons des plantes d'importation : goyavier, manguier, des etoffes européennes. Mais le pays est de moins en moins sûr. L'hostilité croissante, à mesure que nous nous rapprochons d'établissements européens, nous impose une excessive prudence. Et je m'estime heureux d'avoir évité tout accident fâcheux en traversant le chaos de montagnes qui, de la rivière Louala, s'étend à Mdambi Mbongo, l'endroit précis où je rencontrai Stanley.

En résumé, M. de Brazza avait acquis de Makoko, au nom de la France, un territoire qu'il put choisir lui-même entre les rivières Impila et Djoué (le Gordon-Bennett de la carte de Stanley). Il descendit le Congo jusqu'au lac Stanley-Pool et fonda, le 1er octobre 1880, au village de Ntamo (ou plutôt Mfoua), sur la rive nord, la seconde station française, à laquelle M. de Lesseps fit donner plus tard le nom de *Brazzaville*.

Pour bien marquer sa prise de possession, il distribua force petits drapeaux tricolores, et laissa pour garder sa conquête trois Laptots (nègres du Sénégal) avec le sergent sénégalais Malamine. Cela fait, M. de Brazza poursuivit sa route et rencontra Stanley à N'dambi M'Congo (lat. S. 5°5'); long. E. G. 14°10').

De son coté Stanley fut très surpris de voir arriver un blanc du haut de la rivière, mais ne sut que plus tard la prise de possession; il le reçut en ami et lui accorda une généreuse hospitalité pendant quinze jours.

Le voyageur se hâta ensuite de descendre la route du Congo, par le vapeur *la Belgique*, mis à sa disposition par Stanley lui-même, afin de parvenir à Banana, où il s'embarqua pour Libreville.

N'y trouvant pas les chaloupes démontables qu'il attendait de France, il repartit pour le haut Ogôoué, revit Franceville, et établit un poste nouveau sur l'Alima supérieure (septembre 1881). L'année suivante, après avoir visité les sources de l'Ogôoué et les mines de cuivre de Mboco, il descendit vers l'Océan par le bassin du Quillou Niari, dont il croyait faire un jour une voie navigable. « Cette vallée du Niari, dit-il, est comme une large entaille au travers d'énormes terrasses parallèles à l'Océan. Mais tandis que le Congo les traverse à la façon d'un escalier, le Niari coule sans un seul rapide sur un sol uni. » Cette observation ne s'est malheureusement pas vérifiée, pas plus que pour l'Ogôoué, et le levé du terrain fit voir plus tard que ces deux cours d'eau sont tout aussi innavigables que le grand fleuve dans les cataractes, puisque partant d'un même plateau, ils ont la même pente à descendre sur un parcours équivalent.

Enfin, arrivé dans les possessions portugaises de Landana, où les Pères du Saint-Esprit lui firent bon accueil, M. de Brazza s'embarqua pour l'Europe, en avril 1882.

CHAPITRE V.

TROISIÈME VOYAGE DE M. DE BRAZZA.

1883-1885

Ratification du traité par les Chambres. — Le 27 décembre 1882, eut lieu à la Chambre des députés la discussion du projet de loi de finances destiné à subvenir aux dépenses de l'expédition dans l'Ouest Africain. Le Gouvernement demandait 1,275,000 frs, répartis entre les trois ministères : de l'instruction publique (980,000 frs), des affaires étrangères) 65,000 frs), de la marine et des colonies (200,000 frs). Le crédit fut voté à la presque unanimité des voix. Et le 11 janvier 1883, la loi était promulguée au *Journal officiel.*

Par décret du 15 février 1883, M. de Brazza fut nommé lieutenant de vaisseau. En outre, il recevait le titre de commissaire-général de la République dans l'Ouest Africain. Un petit bateau à vapeur, l'*Olumo*, était mis à sa disposition pour remonter l'Ogôoué, de l'embouchure aux stations à créer. Le matériel de la mission devait être transporté par des navires de commerce. Le Ministre de la guerre lui donnait en outre un détachement de tirailleurs algériens, qui se joindraient aux trente tirailleurs-sénégalais.

Le 19 mars 1883, M. de Brazza, accompagné de MM. Michelet, de Lastours, P. et J. Michaud, de Chavannes, Decazes, etc., s'embarquait à Bordeaux, à bord du *Précurseur*.

« Dans les premiers jours d'avril, dit M. de Brazza, nous touchions à Dakar. 130 laptots — toute notre force armée — montaient à bord, et parmi eux mon brave sergent Malamine, rentré depuis quelques mois de Brazzaville, sur l'ordre de M. Mizon. Mélange de sang arabe et de sang maure, ce Malamine, dont on vous a si souvent parlé, est un homme de haute taille, solidement musclé. Son profil est presque européen et sa physionomie respire une virile fierté. On sent immédiatement en lui l'homme capable de remplir intelligemment des ordres, en les interprétant suivant les circonstances. Quand, en 1880, je le laissai seul à la garde du pavillon français sur le Congo, sans ressources et à 500 kilomètres de notre plus voisine station, je savais d'avance à qui je confiais ce dangereux honneur. Hardi défenseur des faibles, Malamine fut vite aimé des indigènes, auxquels il apprit à aimer la France.

Avec lui, plusieurs de mes vieux serviteurs d'autrefois avaient voulu m'accompagner. Nous prenions encore quelques Krowboys dans le golfe de Guinée, et le 22 avril 1883, après une excellente traversée, nous jetions l'ancre en rade du Gabon. »

Une avant-garde, commandée par M. de Lastours, s'était rendue directement sur les bas Ogôoué, où elle attendait l'arrivée du chef de la mission.

Pendant qu'arrêté à Libreville, M. de Brazza terminait les derniers préparatifs de son expédition, le lieutenant de vaiseau Cordier, commandant le *Sagittaire*, s'emparait à coups de canon de Loango, à l'embouchure du fleuve Quillou, et de *Ponta-Negra*, sur la côte. Il rencontra une vive opposition de la part des négociants anglais et portugais établis sur ce point, lesquels refusèrent même de vendre des vivres à nos marins qui souffraient de la fièvre ; mais une circonstance fortuite vint le tirer d'embarras.

Une des embarcations du navire français l'*Oriflamme* avait chaviré dans la barre; aussitôt les matelots s'élancèrent à son secours, et, pour être plus libres de leurs mouvements, retirèrent leurs vêtements, qu'ils laissèrent sur la plage. Quand ils revinrent après la besogne terminée, les effets avaient disparu, volés par les indigènes qu'excitait un des chefs. Il fallut les canonner.

La prise de possession de ces deux points de la côte, Ponta-Negra et Loango, rendit M. de Brazza maître de deux mouillages importants, qui lui servirent à contrecarrer les opérations de l'Association internationale, établissant des stations dans la vallée du Quillou-Niari.

Après avoir visité cette partie du littoral, le gouverneur français gagna l'Ogôoué et se rendit à Lambaréné, d'où l'expédition devait partir; puis remontant le fleuve, il fondait les établissements de Njolé, Achouca, Madiville (ville de l'huile), et arrivait le 22 juillet à Franceville. Peu de temps après, le canot à vapeur « *Ballay* » était lancé sur l'Alima qu'il descendait jusqu'au fleuve.

Prévenu que Makoko attendait son arrivée avec impatience, M. de Brazza se mit en route et gagna le Congo à 130 milles au-dessus de la station de Bolobo; puis, redescendant le fleuve, il atteignit Nganchouno, d'où il se dirigea par terre sur la résidence de Makoko.

Il est bon de remarquer que le nom de *Makoko* est un titre commun donné à plusieurs roitelets ou chefs des tribus riveraines du Congo au-dessus du Stanley-Pool. Le Makoko, dont il est ici question, était le chef de Mbé, village situé au sud du Léfini, à l'ouest de l'embouchure du Kassaï, et du port de Nganchouno ou Nganchou.

Donnons, d'après l'explorateur, quelques détails sur

ce dernier voyage de Franceville à Brazzaville, et sur la nouvelle visite au roi Makoko.

A Franceville. — « Le 22 juillet 1884, sans péripéties bien remarquables, nous arrivions à Franceville après avoir remonté le cours de l'Ogôoué. La situation de Franceville est réellement belle, sur la haute pointe d'un mouvement de terrain qui, après s'être insensiblement élevé, à partir du confluent de l'Ogôoué et de la Passa, tombe, par une pente rapide, d'une hauteur de plus de 100 mètres sur la rivière qui coule à ses pieds. L'horizon lointain des plateaux, dans un panorama presque circulaire, les alignements réguliers des villages qui couvrent les pentes basses, la note fraîche des plantations de bananiers tranchant sur les tons rouges des terres argileuses, font de ce point une des vues les plus jolies et les plus séduisantes de l'Ouest africain. Elle inspire comme un besoin de se reposer en admirant, et en même temps comme un vague désir de marcher vers les horizons qu'on découvre. En me rendant à Franceville, j'avais conclu de nouveaux traités avec les chefs riverains, traités faits surtout en vue d'une organisation dont j'aurai à parler plus loin et par lesquels, dès ce moment, notre service de pagayeurs était assuré.

A Franceville, quels ne furent pas ma surprise et mon désappointement de trouver encore là la fraction d'avant-garde, partie de Lambaréné depuis trois mois et que je croyais sur l'Alima depuis longtemps.

Mon premier soin fut de me mettre en communication avec M. Ballay, et j'appris cette bonne nouvelle que des pourparlers étaient engagés avec les Bafourous, ceux-là mêmes qui autrefois nous avaient barré le chemin quand nous descendions l'Alima. Ces pourparlers étaient si près d'aboutir, me disait M. Ballay, qu'ils lui faisaient retarder le voyage chez Makoko,

Forêt de Palmiers, paysage tropical.

qu'une dépêche ministérielle lui avait donné l'ordre de faire. C'était vraiment là une bonne nouvelle capable de me faire oublier bien des ennuis.

La fraction d'avant-garde qui était demeurée à Franceville dut être renvoyée à la côte. Dès ce moment les vides se creusèrent dans les rangs du personnel. Maladies, défections, incapacités, nous réduisirent, tant à la côte qu'à l'intérieur, à un chiffre bien faible pour suffire à la tâche. Mais ceux qui demeuraient étaient des vaillants, je pouvais compter sur eux. Le dévouement et le zèle de ceux-là n'ont jamais faibli; ils ont été courageusement à la peine, se multipliant partout et sans cesse; il est juste qu'ils soient à l'honneur et que je vous cite quelques noms. C'étaient :

Près de moi, sur l'Ogôoué : MM. Devy, Roche, Flicotteau, Jegou.

A la côte : MM. Decazes, Manchon, P. Michaud, V. Chollet, Kleindienst, J. Michaud, etc.

M. Dufourcq, envoyé par le Ministère de l'Instruction publique, n'était pas encore arrivé. Dans la pénurie de personnel où je me trouvais, je n'hésitai pas à me priver de mon secrétaire et à lui imposer la charge d'une nouvelle besogne. Il partit pour rejoindre M. Ballay et l'aider, aussi bien à organiser notre nouvelle station de Diélé, qu'à créer le service de portage par terre, entre les deux bassins de l'Ogôoué et du Congo. Ce service, dont jadis M. Ballay et moi avions jeté les bases, fut organisé avec tant de précautions et de tact que, quelques jours après, une caravane de 160 porteurs arrivait prendre charge à Franceville et d'autres caravanes la suivirent; mes espérances de ce côté étaient largement dépassées. Ce service a depuis lors constamment et admirablement fonctionné. Mon vieux et fidèle laptot Metouffa avec trois Sénégalais ont conduit toutes ces caravanes, sans qu'il fût besoin de distraire un Européen pour cette pénible besogne. Dans ce service des transports, où la surveillance semblait devoir être insuffisante, jamais le moindre vol n'a été commis.

Le docteur Ballay. — Dès qu'il fut possible, c'est-à-dire après avoir surveillé l'installation de nos magasins à Franceville et initié aux choses du pays les Européens qui devaient y demeurer, je partis pour rejoindre M. Ballay. Les négociations avec les Bafourous traînaient en longueur, et j'appréhendais de voir l'avantage que devait nous donner la libre descente de l'Alima, compromis par une perte de temps considérable.

Quel vif plaisir ce fut pour moi de retrouver mon ancien compagnon de fatigue ! Avec quelle joie je l'embrassai après une séparation de trois années !

L'éloge du docteur Ballay n'est pas à faire : tous savent quel cœur, quelle intelligence, quelle volonté patiente et forte se cachent sous cette physionomie, qu'une modestie excessive fait paraître douce, presque timide. Ces qualités ont été justement reconnues quand on a désigné M. Ballay pour faire partie des délégués français à la Conférence de Berlin ; il y apportait, avec ses connaissances spéciales, les documents qui assuraient nos droits.

A l'envi, M. Ballay et moi nous pressâmes les négociations en cours, pendant que le brigadier Roche, au prix de bien des fatigues et de quelques ennuis, amenait, sur trois chariots, les chaudières du canot à vapeur qui flottait impatient sur l'Alima. Les négociations aboutirent enfin. Le chef M'Dombi et plusieurs autres chefs Bafourous, après avoir fait quelques visites préliminaires à notre établissement de Diélé, se décidèrent à un grand palabre ; la patience et l'habileté de M. Ballay portaient leurs fruits.

Nos nouveaux alliés, désormais nos amis, s'engagèrent à nous vendre une immense pirogue et à escorter eux-mêmes la descente de M. Ballay jusqu'au Congo.

Ils tinrent parole. Le 15 octobre 1883, une pirogue capable de porter près de huit tonnes venait s'amarrer au débarcadère de Diélé; on y empilait les marchandises et les vivres nécessaires pour six mois, et le lendemain, M. Ballay, accompagné de quatorze hommes, se laissait dériver au courant rapide de l'Alima, emportant les adieux et les souhaits que couvraient le chant des pagayeurs et les roulements sonores du tambour bafourou.

J'avais laissé partir seul M. Ballay, quelque fût mon désir de l'accompagner et d'aller, par cette nouvelle route, remettre au plus vite à notre allié Makoko la ratification de nos traités. Une double inquiétude me retenait. Il m'était impossible d'aller sur le Congo sans être renseigné au préalable, sur une situation qui pouvait offrir de sérieuses difficultés, et dans laquelle, en m'engageant trop tôt, je risquais de faire fausse route; je sentais, d'autre part, mes derrières mal assurés, par suite du désordre où j'avais dû laisser nos ravitaillements à la côte.

Quinze jours après, le Dr Ballay, par un billet daté du confluent de l'Alima et du Congo, m'informait que tout marchait à souhait. Les indigènes avaient partout manifesté sur son passage une curiosité craintive, absolument sans danger; ce sentiment s'était même parfois transformé en un véritable bon accueil. M. Ballay venait de nous ouvrir pacifiquement la route.

Cependant, M. de Lastours avait reconnu le N'Coni, affluent de l'Ogôoué, qui pénètre très avant chez les Batékés et permettrait peut-être d'économiser, sur les portages par terre, près de 100 kilomètres. A Diélé, nous nous séparâmes. M. de Chavannes, avec quelques hommes, devait fonder la station de Lékéti, point où l'Alima devient réellement navigable pour les vapeurs, et centre commercial avancé des Bafourous. Mon frère devait remonter l'Alima jusqu'à ses sources, puis, après une courte halte au plateau central des Achicouya, il rejoindrait la rivière en aval, en descendant un de ses affluents, le Lékéti. M. Flicotteau, par le N'Gampo, allait chercher un point de raccord entre l'Alima et le N'Coni, reconnu par M. de Lastours; M. Roche menait les travaux de Diélé; quant au quartier-maître mécanicien, Ourset, il travaillait du matin au soir à la mise en place des chaudières du canot à vapeur, qu'au prix de rudes fatigues le Dr Ballay avait amené de la côte. Ce premier vapeur français sur le Congo, je l'appelai *le Ballay*.

Une triste nouvelle me parvint au moment où moi-même je retournais à Franceville pour compléter nos ravitaillements et assurer autant que possible l'avenir: Flicotteau venait de mourir, tué par un bœuf blessé. C'était un brave compagnon de moins et dont bien des fois j'ai regretté l'activité intelligente et les loyaux services.

A Franceville, je reçus quelques informations. Sous la direction intelligente et ferme de M. de Lastours, tout allait bien, de nouveaux postes avaient été créés, parmi lesquels le poste important de Bôoué, installé par M. Decazes. Mais, de la côte, toujours pas de nouvelles! Ce silence me parut la preuve du manque d'ordre que j'avais pressenti, l'indice de la désorganisation qui se produisait en mon absence. A mon retour sur l'Alima, j'étais fort inquiet à ce sujet, car j'allais être obligé de partir bientôt pour le Congo avec des ravitaillements moins que considérables, et de continuer à vivre avec cette cérémonie, cette frugalité d'ascète qui constituait le fond de notre existence depuis six mois. Elle nous était imposée par le respect dû aux malades, qui n'ont jamais manqué de rien, et aux devoirs de l'hospitalité française envers les étrangers, nos voisins d'en face.

Deux courriers successifs de M. Ballay me donnèrent de bonnes nouvelles. Il était installé à Nganchouno et avait été cordialement reçu par Makoko, demeuré fidèle à sa parole, malgré toutes les tentatives et toutes les promesses faites pour l'en détourner. L'insuccès de ces tentatives fut sans doute l'origine des bruits qui circulèrent alors en Europe et sur la foi desquels on annonça que Makoko avait été détrôné; sa mort fut annoncée ensuite, puis la mienne, puis celle de mon frère, trois personnages qui ne se portaient pas mal et dont les affaires allaient fort bien.

Le canot à vapeur était prêt, il avait fait ses essais; notre ravitaillement était transporté et accumulé à Lékéti; nous avions acheté des pirogues; tout fut chargé et je partis. Nous « stoppions » quelques jours dans le bas Alima, où je voulais en même temps gagner à nous les populations et choisir l'emplacement d'un poste.

Les embarras. — C'est là que, cinq jours plus tard, M. de Chavannes me rejoignait avec un courrier important que lui avait remis M. Decazes, arrivé à Diélé le lendemain de mon départ. Ces nouvelles, les premières qui m'arrivaient de la côte, ne confirmèrent que trop mes inquiétudes. Le Ministre de l'Instruction publique, sachant que je devais demeurer longtemps dans l'intérieur, m'avait envoyé un second sur la côte, en nommant M. Dufourcq son délégué direct dans la zone maritime. L'arrivée de M. Dufourcq produisit un certain mécontentement dans un personnel habitué depuis mon départ à en prendre à son aise; nous étions loin de ce bel enthousiasme du début, de ces promesses

*Les rapides du Congo dans les chu es Livingstone —
Porteurs indigènes.*

de vaillance, de ces serments de tout supporter sans plaintes. Tout s'était évanoui devant la simple nécessité de renoncer à l'indolence et au bien-être. Les vides furent heureusement comblés, en partie, par un renfort de six Européens que M. Dufourcq avait amenés avec lui. Je dois ajouter ici que plusieurs des anciens restèrent fidèles, malgré tout, et ne dissimulèrent pas le sentiment que leur inspirait la résolution prise par leurs camarades.

En somme, j'aimais mieux cela; la part du feu était faite: j'avais derrière moi un homme d'activité, qui m'assurait de son dévouement. Je pouvais aller de l'avant, débarrassé d'une inquiétude qui jusque-là m'avait poursuivi.

En constituant M. Dufourcq son délégué direct, le Ministère de l'Instruction publique m'a enlevé le droit d'en faire l'éloge; je me bornerai donc à dire que M. Dufourcq s'est trouvé entouré de graves difficultés et que, même malade, il trouvait dans son patriotisme l'énergie nécessaire pour résister à tous les découragements et pour se multiplier sans cesse.

Après une nuit passée entière à l'expédition d'un courrier, je rejoignis notre campement général, qui se trouvait quelque part en amont, tandis que M. de Chavannes poursuivait sa route sur le Congo, avec cinq pirogues emportant toute notre richesse. Il s'arrêterait à Nganchouno, près de M. Ballay, et y annoncerait notre prochaine arrivée; de mon côté j'achetai quelques pirogues qui nous étaient encore nécessaires, et nous nous mîmes en route, définitivement cette fois. Partout m'accueillirent des démonstrations d'amitié, qui ne laissaient aucun doute sur l'heureuse influence exercée par le passage du Dr Ballay.

De Franceville à l'Alima, à chaque agglomération de villages, toute une population grouillante, abandonnant ses occupations, nous entourait des manifestations les plus cordiales.... L'Alima, après s'être infléchi longtemps au nord-est puis à l'est, se dirigeait maintenant au sud ; ses rives devenaient de plus en plus basses ; la végétation se transformait, les marécages du delta apparurent avec leurs hautes herbes et les *borassus* qui en émergent ; tout à coup, brusquement, nous débouchions dans le Congo. Magnifique spectacle, Messieurs, que cette immense nappe d'eau touchant le soleil à l'horizon, semée d'innombrables îlots et sur laquelle s'épand à l'infini cette lumière intense, qui semble noyer tous les objets et tous les plans dans une buée tiède et jaunâtre !

Mais passons sur les beautés du site, aussi bien que sur les incidents d'un voyage de quatre jours dans les méandres du Congo. J'avais touché à la station de Bolobo et salué son chef, M. Librecht, un très avenant et très aimable officier de l'armée belge. Le 27 mars, j'arrivai à Nganchouno. M. Ballay y était parfaitement installé dans les meilleurs termes avec les chefs environnants, vassaux de Makoko. Je me retrouvais en pays connu ; c'est là que, trois ans auparavant, je m'étais embarqué pour aller prendre possession des territoires cédés à N'Couna, auquel la Société de Géographie a voulu donner le nom de Brazzaville. Tous les chefs et nombre de leurs sujets étaient pour moi de vieilles connaissances ; je fus assailli de visites et me fatiguai à serrer la main de tous ces amis de jadis.

Remise du traité à Makoko. — Makoko, prévenu de mon arrivée, m'avait envoyé saluer par une ambassade. En grande hâte, nous réunissions les présents destinés à récompenser sa loyauté, et une marche de nuit nous conduisit aux abords de sa résidence. Makoko me reçut avec une pompe peu usitée et des démonstrations de joie excessives. Tout d'abord, dans une chanson improvisée en mon honneur et faisant allusion aux faux bruits qui avaient couru sur mon compte, aussi bien en Afrique qu'en Europe, il disait au peuple présent : « En vérité, en vérité ; vous tous qui êtes là, voyez ; voilà celui qu'on disait mort, il est revenu ; voilà celui qu'on disait pauvre, voyez ses présents. » Et il désignait, en parlant ainsi, un magnifique tapis et un coussin de velours, que nous avions placés sur ses peaux de lion. Le peuple reprenait en chœur et en manière de refrain : « Ceux qui ont ainsi parlé sont des menteurs. »

Puis, suivant le cérémonial admis, se levant en même temps que moi, et faisant le même nombre de pas, Makoko me donnait une vigoureuse accolade, ne se lassant pas de sourire à son ancien ami. Je le priai de faire prévenir ses premiers vassaux, afin que la remise des traités pût se faire en séance solennelle.

La cérémonie fut renvoyée au surlendemain.

Au jour dit, tous les chefs et leurs plus notables sujets répondirent à la convocation. Le palabre se tint sous un velum de laine rouge, semblable à celui sous lequel avait eu lieu notre première réception. On avait déployé l'appareil le plus brillant des grands jours, et dans le but de donner plus de solennité à la cérémonie, chacun avait apporté ses dieux lares pour les prendre à témoin.

C'était un spectacle bien étrange que cette nombreuse réunion, foule compacte accroupie, où, dans la bigarrure des étoffes à couleurs vives, le mouvement d'une lance ou le déplacement d'un fusil faisait passer des éclairs. Ça et là, tranchant sur le reste, quelques pagnes de satin ou de velours nous indiquaient que des générosités étrangères avaient devancé les nôtres.

Makoko trônait sur ses peaux de lion, négligemment accoudé sur des coussins, entouré de ses femmes et de ses favoris. En face, à quelques pas de lui. M'pohontaba, l'un de ses premiers vassaux, et les autres chefs assis à terre sur des peaux de léopard, attendaient que le souverain donnât le signal du palabre. Nous étions entre les deux groupes un peu sur le côté. Makoko, sans se lever, souhaita la bienvenue à tout son monde ; il expliqua en quelques mots le but de la réunion : puis, chaque chef, M'pohontaba en tête, vint à genoux protester de sa fidélité à Makoko, seul vrai chef, disaient-ils, seul propriétaire et souverain de tous les territoires batékés. Tous se déclarent, comme autrefois, heureux et fiers d'être placés sous la protection de notre drapeau, et le jurent sur les fétiches et par les mânes de leurs pères.

A mon tour, je rappelai le passé en quelques mots ; mes hommes présentaient les armes, on sonna aux champs, et je fis à Makoko la remise des traités au nom de la France. Procès-verbal de la cérémonie fut dressé et signé, et on se rendit sous le hall improvisé où se trouvaient, exposés à l'admiration de tous, les présents destinés à chacun et étiquetés à son nom. Les cris de surprise, les marques de joie, les remerciements jetèrent leur note bruyante et gaie dans le va-et-vient d'une foule curieuse : puis, chacun emportant ses nouvelles richesses, on se dit gaiement au revoir...

Quelques jours après, on arrive à Brazzaville.

Brazzaville est située sur l'extrémité d'une croupe assez large qui domine le Congo et s'abaisse brusquement à cent mètres de la rive, dans un éboulement de sable argileux. Cette croupe semble le premier obstacle contre lequel se butte le fleuve pour aller en tournant se précipiter à la première cataracte. De là le regard embrasse dans son entier l'immensité du Stanley-Pool et tout le cirque de hautes montagnes qui l'entourent. Le pays est peuplé, le sol est fertile, l'air est sain et la brise constante d'ouest y apporte la fraîcheur relative des plateaux qu'elle a traversés... »

De Brazzaville, le commissaire général de la République fit quelques courses encore dans l'intérieur pour achever d'organiser les stations de l'Ogôoué et de l'Alima, et le service des porteurs indigènes d'un point à l'autre. Il vit mourir M. de Lastours à Madiville, qui prit plus tard le nom de Lastourville; puis il apprit, au mois de juillet 1885, la clôture de la Conférence de Berlin, qui mettait fin aux difficultés diplomatiques soulevées par la nouvelle annexion française.

Rappelé inopinément par son gouvernement, M. de Brazza rentra en France à la fin de 1885. Il y fut reçu naturellement en triomphateur. La Société de Géographie de Paris, dont il est membre, organisa au Cirque d'Hiver en son honneur une séance extraordinaire, présidée par M. de Lesseps. L'heureux explorateur y a fait de son troisième voyage le long récit dont nous avons extrait les détails qu'on vient de lire.

CHAPITRE VI.

L'ÉTAT INDÉPENDANT DU CONGO.

§ I. LA CONFÉRENCE DE BERLIN.

Les causes de la Conférence. — Pendant que M. de Brazza travaillait pour le compte de la France dans l'Ouest africain, le comité d'études du Haut-Congo avait accompli des travaux considérables, grâce à l'activité de Stanley et de ses compagnons. Des stations jalonnaient les rives du Congo jusqu'aux Stanley-Falls, et celles du Kouilou-Niari jusqu'à la mer.

Ce fut alors que ce comité se transforma en prenant le titre d'*Association internationale du Congo*, laquelle, adoptant le *drapeau bleu* de la primitive Association africaine, eut pour but politique l'acquisition de territoires avec les droits de souveraineté, par le moyen de contrats légaux conclus avec les indigènes ; en un mot, la création d'un Etat libre et neutre qui pût être reconnu par le droit européen. Il s'agissait avant tout de couper court aux convoitises de certaines puissances.

En effet, déjà les dangers croissaient pour l'œuvre du Roi ; ils venaient, d'une part, des prétentions du Portugal, qui réclamait tout ou partie du bassin du Congo, comme lui appartenant depuis quatre siècles, alors qu'il n'y avait laissé aucune trace d'organisation, ni même d'occupation au-delà des chutes. Le gouvernement Anglais sembla un instant vouloir épouser les intérêts du Portugal ; mais l'opinion publique préférant la liberté commerciale, le força à renoncer au projet de traité anglo-portugais.

D'autre part, le gouvernement français avait ratifié le traité conclu, nous avons vu dans quelles circonstances, avec le Makoko, qui se disait souverain des deux rives du fleuve dans les parages du Stanley-Pool. C'était barrer aux Belges la sortie du pays. La France réclamait en outre tout le bassin du Kouilou, nonobstant les établissements internationaux déjà existants.

Ce fut sans doute pour conjurer le danger le plus pressant, que le Président de l'Association internationale consentit en 1884 (23 avril) à signer une convention, par laquelle « elle s'engageait à donner la
» préférence à la France si, par des circonstances im-
» prévues, elle était obligée un jour d'aliéner ses
» possessions. De son côté, le gouvernement français
» prenait l'engagement de respecter les stations et les
» territoires de l'Association. »

En avril 1884, les Etats-Unis, par un vote du Sénat, reconnurent les droits souverains de l'Association internationale du Congo, et, la traitant comme *puissance amie*, le gouvernement américain conclut avec elle une convention par laquelle l'Association accordait la liberté du commerce et de la navigation sur ses territoires, avec la faculté pour les étrangers de s'y fixer librement, d'y acquérir des terres, etc.

Reconnue par une puissance de cette valeur, l'Association devenait en réalité un *Etat souverain*.

C'est alors qu'intervint le Prince de Bismarck. Désireux d'acquérir des possessions coloniales qui manquaient à l'empire allemand et convoitant déjà peut-être les territoires de l'Afrique orientale, le chancelier s'entendit avec la France pour la convocation de la Conférence de Berlin, à l'effet de régler diverses questions de droit international.

Dès le 8 du mois de novembre, l'Allemagne imitant l'Amérique, avait reconnu la *souveraineté* de l'Association internationale du Congo.

La conférence de Berlin s'ouvrit le 15 novembre 1885. Quatorze puissances avaient répondu à l'appel de M. de Bismarck, et prirent part aux délibérations.

Ce sont : l'Allemagne, l'Angleterre, la France, l'Autriche, la Russie, l'Italie, qui sont les six grandes puissances européennes ; en outre, les Etats-Unis d'Amérique, l'Espagne, le Portugal, la Hollande, le Danemark, la Suède, la Norwège et la Belgique.

Parmi ces Etats, l'Allemagne et la France, par suite d'une entente préalable, ont eu le rôle prépondérant, ce qui explique les avantages qu'elles en ont retirés.

Quant à l'Angleterre, elle n'eut qu'un rôle passif, et eut même à défendre ses droits souverains dans le bassin du Niger. Toutefois, ainsi que les Etats-Unis, elle a prêté ses bons offices aux diverses parties pour amener la concorde.

Résolutions de la Conférence. — Les résolutions prises par la Conférence comportent quatre points principaux, réglant des droits internationaux. La reconnaissance du nouvel Etat du Congo ne vient qu'ensuite, comme corollaire.

I. Le premier point concerne la *liberté du commerce et de la navigation sur le Congo et son bassin conventionnel*. Cette liberté est assurée par la création d'une *zone commerciale neutre*, qui, non-seulement comprend tout le bassin hydrographique du fleuve, mais se prolonge de l'Atlantique à l'océan Indien en englobant à l'ouest une partie des territoires du Congo français et portugais, et, à l'est, le Zanguebar et le Mozambique portugais, depuis le 5ᵉ degré de latitude nord jusqu'à l'embouchure du fleuve Zambèze.

Quelles que soient les puissances occupantes, actuelles ou à venir, de cette zone neutralisée, elles ne pourront y établir aucun droit de douane sur les marchandises importées ; seuls les produits exportés pourront être taxés dans des limites restreintes. La surveillance de l'exécution de ces décisions et la police des voies incomberont à une commission internationale.

La Conférence consacre une *liberté analogue de navigation pour le Niger*. La France et l'Angleterre ayant seules des possessions sur ce fleuve, se chargeront de la police, la première sur le Haut Niger, la seconde dans le bas fleuve et le Delta.

II. Le second point établit, en cas de guerre, la *neutralité* de ces territoires et l'interdiction aux puissances, même occupantes, d'en faire la base de leurs opérations militaires, pour ne pas nuire à la liberté commerciale et à la tranquillité du pays.

III. Une troisième déclaration est relative à l'*extirpation de la traite des nègres;* elle met des entraves à l'introduction des alcools et des armes de guerre au milieu des peuplades africaines. Elle protège les missionnaires, les voyageurs, les commerçants, quelle que soit leur nationalité.

IV. Le quatrième point détermine les formalités à remplir pour rendre effectives *les prises de possession* de nouveaux territoires en Afrique. Toute nation qui vient d'annexer un territoire doit en adresser une notification officielle aux autres puissances, et désigner en même temps les limites de son emprise, du moins sur la partie littorale ou maritime.

Toutes les puissances se sont mises assez aisément d'accord sur les points ci-dessus.

Reconnaissance de la souveraineté de l'Association du Congo. — Il n'en est pas de même du cinquième point, qui était cependant le principal, mais qui n'était qu'indirectement indiqué dans le programme. C'est la reconnaissance officielle, comme puissance souveraine, de cette *Association internationale* qui, la première, avait jeté les bases de la colonisation dans l'immense région du Congo.

M. le colonel Strauch, président de l'Association Africaine.

Après de longues négociations, l'Association cédait à la France ses quatorze établissements de la côte et du bassin du Kouilou-Niari, dont plusieurs portent des noms significatifs, tels que : Philippeville (de Philippe, comte de Flandre), Baudouinville (du prince royal Baudouin), Stéphanieville (de la princesse Stéphanie), Rudolfstadt (de Rodolphe, prince impérial d'Autriche).

Le territoire du Kouilou prolongé à l'est jusqu'au Congo moyen, ajouté au bassin de l'Ogôoué et à l'ancien Gabon français, constitue dès lors pour la France une superbe colonie de plus de 600000 km. carrés, où l'on trouve les stations de Franceville et de Brazzaville, celle-ci, sur la rive nord du Stanley-Pool.

De son côté, le Portugal a obtenu de prolonger au nord le territoire de l'Angola, jusqu'à l'embouchure du Congo, rive gauche.

Ces difficultés aplanies, le gouvernement de la Belgique, qui s'était abstenu jusque-là, à cause de sa neutralité politique, imite les autres Etats en reconnaissant la souveraineté de l'Association.

En conséquence, dans la séance de clôture du 23 février, M. le colonel Strauch, président de l'Association, notifie l'adhésion de celle-ci, par la lettre suivante adressée à S. A. S. le prince de Bismarck :

« Prince, l'Association internationale du Congo a
» conclu successivement avec les puissances repré-
» sentées à la Conférence, *des traités qui reconnaissent*
» *son pavillon* comme celui d'un Etat ou d'un gouver-
» nement ami.

» S. M. le Roi (Léopold) en porte la connaissance au Congrès.... »

Le président M. Busch fit suivre cette communication des paroles ci-après, qui marquent l'admiration des puissances pour l'œuvre du roi Léopold.

« Messieurs, je crois être l'interprète du sentiment unanime de la Conférence en saluant comme un évènement heureux la communication qui nous est faite, et qui constate la reconnaissance unanime de l'Association du Congo. Tous nous rendons justice au but élevé de l'œuvre à laquelle S. M. le Roi des Belges a attaché son nom ; tous, nous connaissons les efforts et les sacrifices au moyen desquels Il l'a conduite au point où elle est aujourd'hui ; tous, nous faisons des vœux pour que le succès le plus complet vienne couronner une entreprise qui peut seconder si utilement les vues qui ont dirigé la Conférence. »

Le baron de Courcel (France) prend la parole dans les termes suivants :

« En qualité de représentant d'une puissance dont les possessions sont limitrophes de celles de l'Association internationale du Congo, je prends acte avec satisfaction de la démarche par laquelle cette Association nous notifie son entrée dans la vie internationale. J'émets au nom de mon Gouvernement, le vœu que l'Etat du Congo, territorialement constitué aujourd'hui dans des *limites précises*, arrive bientôt à pourvoir d'une organisation gouvernementale régulière, le vaste domaine qu'il est appelé à faire fructifier. *Ses voisins seront les premiers à applaudir à ses progrès*, car ils seront les premiers à profiter du développement de sa prospérité et de toutes les garanties d'ordre, de sécurité et de bonne administration dont il entreprend de doter le centre de l'Afrique.

» Le nouvel Etat doit sa naissance aux aspirations généreuses et à l'initiation éclairée d'un Prince entouré du respect de l'Europe. Il a été voué, dès son berceau, à la pratique de toutes les libertés. Assurés du bon vouloir unanime des puissances qui se trouvent ici représentées, souhaitons-lui de remplir les destinées qui lui sont promises, sous la sage direction de son auguste fondateur, dont l'influence modératrice sera le plus précieux gage de son avenir. »

Les représentants des autres Etats signataires ont tenu un langage analogue, ce qui prouve l'admiration générale pour l'œuvre du Roi, et devrait être pour l'avenir la meilleure garantie de sa stabilité.

§ II. Organisation de l'État du Congo.

Léopold II, souverain de l'Etat indépendant du Congo. — L'Etat du Congo était créé, ses limites étaient tracées. Restait la question de savoir qui en serait le premier souverain et quelle forme de gouvernement serait adoptée.

Il va de soi que le Roi Léopold, le courageux promoteur et le généreux bailleur de fonds de l'œuvre africaine, avait seul droit à la qualité de Souverain du Congo. L'opinion publique le désignait comme tel. De nombreuses adresses au Roi furent signées en Belgique par les Corps de l'Etat, aussi bien que par les Chambres de commerce et les particuliers, qui le félicitèrent de l'heureux résultat de la Conférence de Berlin.

Assuré de cette approbation générale, S. M. Léopold II écrivit à ses ministres, le 16 avril, pour leur demander de présenter aux Chambres un projet de loi l'autorisant, conformément à l'article 62 de la Constitution, à accepter la souveraineté d'un autre Etat.

D'après l'art. 62 de la Constitution, « le roi ne peut être en même temps chef d'un autre Etat, sans l'assentiment des deux Chambres. Aucune des Chambres ne peut délibérer sur cet objet, si deux tiers au moins des membres qui la composent ne sont présents, et la résolution n'est adoptée qu'autant qu'elle réunit au moins les deux tiers des suffrages.

Le 28 avril, la Chambre des représentants et, le 30, le Sénat ont adopté un projet de loi ainsi conçu :

« Sa Majesté Léopold II, roi des Belges, est auto-
» risée à être le chef de l'Etat fondé en Afrique par
» l'Association internationale du Congo. »

L'autorisation des Chambres obtenue, Léopold II

choisit le titre de Souverain de l'Etat indépendant du Congo, écartant ceux de prince, de roi ou d'empereur du Congo, que l'on avait mis en avant.

Les armes du nouvel Etat sont les armes personnelles de Léopold, et non celles de la Belgique, et son drapeau est le *drapeau bleu à étoile d'or*, le même qu'avait inauguré l'Association africaine, et qui, paraît-il, avait été le drapeau de l'ancien Etat indigène du Congo (San-Salvador), aujourd'hui englobé dans les possessions portugaises.

Les armoiries de l'Etat indépendant du Congo.

Superficie et population de l'Etat libre. — Le nouvel Etat est renfermé dans le centre du continent. Mais l'accès à l'intérieur est ménagé par une bande de territoire large de 25 lieues en moyenne qui, du littoral, court sur la rive droite du Congo jusqu'à Vivi et comprend de là les deux rives du fleuve jusqu'à Manyanga.

Ainsi délimitée, la superficie de l'Etat libre du Congo est d'environ 2200000 de kilomètres carrés, ce qui représente 70 fois l'étendue de la Belgique, 4 fois celle de la France, le tiers de la superficie de la Russie et le cinquième de celle de l'Europe. Les dimensions sont en moyenne de 18 degrés environ, soit 350 lieues ou 1700 kilomètres du N. au S., et autant de l'E. à l'O.

Si c'est considérable comme étendue, le chiffre de la population y répond-il ? Y a-t-il là 20, 30, 40 millions d'habitants, même plus, comme on l'a supputé d'après les régions traversées par Stanley ? Il serait hasardeux de se prononcer, et mieux vaut admettre moins que plus, soit 20000000 d'individus, ce qui est déjà un chiffre respectable, dépassé en Europe par six pays seulement.

Administration. — L'organisation du nouvel Etat est celle d'une monarchie constitutionnelle, sans être représentative. Le souverain gouverne à l'aide de trois ministres, qui portent le titre d'*administrateurs généraux :* celui *de l'intérieur,* celui *des finances,* celui *des affaires étrangères* et *de la justice.*

Un *conseil supérieur* de consultation est composé d'avocats, de professeurs, de notabilités juridiques de Belgique et même de l'étranger.

Ce *gouvernement central* siège à Bruxelles ; il communique avec un *gouverneur général,* dont la résidence en Afrique est actuellement à Boma. Celui-ci, avec le concours des chefs de stations ou de districts et de juges résidant au Congo, constitue le *gouvernement local.*

Un *Bulletin officiel de l'Etat indépendant du Congo,* paraissant à Bruxelles depuis 1885, a publié déjà un grand nombre de décrets du Roi-Souverain et d'ordonnances du gouverneur général, organisant les services publics : régime foncier, acquisition de terres, état-civil, justice, tribunaux, répression et extradition, navigation et usage des pavillons, droits de sortie, postes et union postale, système monétaire, etc.

L'esclavage n'est pas reconnu par la loi. Toutes les mesures sont prises pour en amoindrir les effets en attendant son abolition complète.

Soldats haoussas, au début de leur organisation.

La traite des nègres est sévèrement défendue, et plusieurs forts ou camps retranchés sont créés dans la région orientale pour s'opposer à l'invasion des traitants Arabes.

Une force armée composée de plusieurs milliers d'indigènes et commandée par des officiers, belges pour la plupart, maintient la police générale.

L'entreprise la plus importante est celle de la construction d'un *chemin de fer* de 400 kilomètres, qui, du port de *Matadi*, remontera le plateau des cataractes pour aboutir à *Léopoldville*, sur le Stanley-Pool.

Nouvelles explorations (1884-1890). — Le nouvel Etat du Congo, constitué et organisé, devait affirmer sa vitalité en continuant l'œuvre de régénération tentée en Afrique. Il fallait nécessairement explorer les régions inconnues en s'écartant des rives du grand fleuve ; il fallait frayer les voies au commerce en recherchant les besoins des indigènes, à la colonisation européenne en s'assurant si le climat n'y mettait pas un obstacle insurmontable, à l'évangélisation en établissant des missions catholiques, etc. C'est ce qui se fit ou continua à se faire, grâce à une succession d'explorateurs aux gages du nouvel Etat libre, et aussi à des missionnaires anglicans et catholiques, voués à l'évangélisation des noirs.

C'est ainsi que dans, les années 1884 à 1890, le *Kassaï* fut descendu par M. Wissmann et ses compagnons ; le *Sankourou* et le *Lomami*, explorés par le docteur Wolff ; l'*Ikata*, par MM. Kund et Tappenbeck, et l'*Ubangi*, d'abord par MM. Grenfell et Von François, puis par le lieutenant belge van Gèle, qui parvint au point le plus éloigné.

Cinq heureuses *traversées du continent* Africain furent en outre opérées par le lieutenant Gleerup, par le docteur Lenz, par Wissmann (2e traversée), et presqu'en même temps par le capitaine français Trivier et par Stanley (2e traversée).

Celui-ci, dans son dernier voyage, à remonté le cours de l'*Arouwimi*, reconnu le lac *Albert-Edward* et sa jonction par le Semliki avec le lac Albert, ainsi que les montagnes neigeuses du *Ruwenzori*, qui sont sans doute les *Montagnes de la Lune* des Anciens.

§ III. Géographie du Congo indépendant.

Orographie. — L'orographie du Congo est encore peu connue, car jusqu'ici les explorateurs ont suivi de préférence la voie plus commode des rivières.

Le relief général est celui d'un *vaste plateau* ou d'une plaine haute, dont l'altitude moyenne paraît être de 1000 mètres au sud et vers les grands lacs, de 300 à 500 mètres sur le Congo moyen.

Des montagnes de plus de 5000 mètres, neigeuses et volcaniques, sont signalées par Stanley aux alentours des lacs Albert et Edward : ce sont les *montagnes Bleues*, peut-être aussi les *Montagnes de la Lune* des géographes anciens.

D'autres se trouvent au pays de Cazembé *(Monts Lokinga)*, dans le Kasongo et le Maniéma, ainsi qu'aux abords du lac Tanganika. Des chaînes de montagnes médiocres enserrent le grand fleuve aux chutes de Stanley, comme aux grandes chutes Livingstone, situées entre Léopoldville et Vivi *(Monts de Cristal, 700 à 1000 mètres)*.

De Vivi à la mer le territoire forme une plaine ondulée, variée de collines, d'une nature moins riche que celle des plaines du haut Congo. Les plateaux de l'intérieur ont aussi un climat plus salubre que celui des régions inférieures du fleuve.

On conçoit que la *ligne de partage des eaux* soit encore incomplètement déterminée, entre le bassin hydrographique du Congo, situé au centre, et ceux du Niger et du lac Tchad au nord, du Nil à l'est, du Zambèze au sud, du Coanza et de l'Ogowé, à l'ouest. Elle paraît généralement formée de plateaux ou de montagnes médiocres, plutôt que de hautes chaînes qui seraient difficilement franchissables.

Hydrographie. — Sauf le district du lac Edward, tributaire du Nil au nord-est, tout le territoire de l'Etat libre est contenu dans un seul bassin fluvial, mais d'un fleuve géant, le *Congo*, auquel Stanley aurait voulu appliquer le nom de « Livingstone. »

Le **fleuve Congo** est un des plus grands du monde, tant par sa longueur qui doit dépasser 4500 kilomètres que par l'étendue de son bassin et le volume de ses eaux. Son cours supérieur, découvert par Livingstone qui parvint à Nyangwé en 1869, n'est pas complètement connu ; mais il paraît formé de deux branches : le Loualaba et le Louapoula. Cette dernière branche sort du lac Bangwélo, traverse le lac *Moéro*, et reçoit par la *Loukouga* le trop-plein du lac Tanganika. Des environs de Nyangwé jusqu'à la mer, il a été parcouru pour la première fois en canot par Henri Stanley dans une exploration mémorable. Sous l'Équateur, il présente une première série de sept cataractes ou chutes dites *Stanley-Falls*. De là, il tourne au N.-O. en formant une courbe immense qui le ramène de nouveau sous la ligne équatoriale, et il continue vers le S.-O. jusqu'au *Stanley-Pool*, sorte de lac formé par un élargissement du fleuve.

Dans cette partie moyenne de son cours, entre les deux séries de cataractes, sur une longueur de plus de 1700 km., le Congo traverse une immense plaine horizontale, où son lit s'élargit jusqu'à atteindre de 10 à 30 kilomètres d'une rive à l'autre ; il renferme alors d'innombrables îles boisées, souvent habitées. Il y reçoit du N. et du S. d'énormes affluents, dont les embouchures sont larges de plusieurs kilomètres.

Entre le Stanley-Pool et Vivi, il franchit une

seconde série de 32 cataractes dites de *Livingstone*, échelonnées sur une longueur de 300 km., avec une pente totale de 280 m.

Vue de Banana, port à l'entrée du Congo.

En aval de Vivi jusqu'à la mer, sur une longueur de 180 kilomètres, le fleuve s'élargit de nouveau, se remplit d'îles nombreuses et se jette dans le golfe de Guinée par une seule embouchure, large de 11 kilomètres entre la *pointe de Banana*, au nord, et la *pointe du Requin* (Shark Point), sur la rive portugaise au sud.

Sauf dans les cataractes, le Congo est partout **navigable**. Les bâtiments de mer le remontent jusqu'à Boma et Matadi, d'où le chemin de fer de Léopoldville en construction suppléera à l'innavigabilité du fleuve jusqu'au Stanley-Pool. De là, une flottille de trente vapeurs fait le service sur le haut Congo, jusqu'aux chutes de Stanley, et sur ses immenses affluents également navigables.

Voici maintenant quelques détails sur les principaux affluents du Congo et les lacs de son bassin, avec indication des explorateurs qui nous les ont fait connaître.

Le Haut Fleuve. — Le lac *Banguélo*, découvert par Livingstone en 1866 et sur les bords duquel il mourut en 1873, est situé sur le plateau du S.-E., à 1300 mètres d'altitude ; il reçoit par l'est une rivière du nom de *Tchambési*, qui paraît être le cours supérieur du Congo, et qui se continue à la sortie du lac sous le nom de Louapoula.

Le *Louapoula*, qui coule du sud au nord dans le royaume de Cazembé, paraît former ou traverser le lac *Moéro* à 850 mètres d'altitude, puis le lac *Landji*, où se jettent également le Loualaba et la Loukouga.

Le *Loualaba*, venant du sud-ouest, traverse un chapelet de lacs signalés particulièrement par Livingstone, puis par Cameron (1875), mais dont les positions et les formes sont encore incertaines, comme l'est du reste toute l'hydrographie de cette région méridionale. Ce n'est qu'en amont de Nyangwé, par 3 degrés et demi de latitude sud, que le Loualaba, sorti du lac Landji, devient évidemment le fleuve Congo.

Affluents de droite. — Le Congo reçoit par sa rive droite la Loukouga, la Louama, la Lowa, la rivière Léopold, l'Arouhimi, la Loïka, la Mongala, l'Ubangi, et, sur le territoire français, la Bounga, la Licuala, l'Alima et le Léfini.

La *Loukouga*, signalée en 1875 par Cameron, paraît servir de déversoir au lac Tanganika, qui s'écoulerait dans le Congo par le lac Landji.

Le lac **Tanganika** est remarquable par sa longueur de plus de 600 kilomètres, et par sa forme allongée sensiblement du N. au S. ; il est situé à 800 mètres d'altitude dans une dépression entourée de montagnes. Découvert en 1858 par Burton et Speke, exploré ensuite par Cameron, Stanley et autres, ce lac appartient par sa rive occidentale à l'Etat du Congo, avec la station de M'pala, tandis que sa rive orientale, ainsi que la ville d'Oudjidji et l'ancienne station belge de Karéma sont aujourd'hui dévolus à l'empire allemand.

Après la Loukouga vient la *Louama*, puis au nord de Nyangwé, un grand nombre d'affluents dont les embouchures seules sont signalées, notamment la *Rivière Léopold*, en amont des Stanley-Falls.

Au nord de l'équateur, l'*Arouwimi* (Arouhouimi (1) ou Byéré), au confluent duquel Stanley a soutenu un grand combat contre les cannibales en 1877, et qu'il remonta en 1883 jusqu'aux chutes de Yambouga, a été choisi par lui (1887) comme voie d'accès vers le Haut-Nil dans son expédition au secours d'Emin-Pacha.

---

(1) Il ne faut pas s'étonner des *variations orthographiques* que l'on remarque dans les noms propres. Chaque explorateur, chaque auteur peut avoir sa manière de transcrire un nom, avant que l'usage n'ait consacré une forme quelconque. En Europe même, on n'est pas toujours d'accord sur l'orthographe géographique ; à plus forte raison pour les pays sauvages, où il n'y a pas de langage écrit. — Notons que généralement l'*u* se prononce *ou* : Lukuga, Loukouga ; Ubangi Oubangi (Oubangui). — Le *c* et le *g* sont toujours durs. — Souvent le *k* remplace le *c* et le *q* : Kuilu, Kouilou, Quillou. — Le *w* anglais tient lieu de *ou* : Mwata, Mouata. — Le *b* se change souvent en *v* : Yambo, Yamvo. — L'*n* sonne comme deux *n* : Nyangwé, Nyanngoué.

Il en a signalé les sources dans les montagnes Bleues, à l'O. du lac Albert.

L'*Itimbiri* ou *Loïka* vient du nord; elle a été remontée par Hanssens en 1884 et par Grenfell en 1885, sur une longueur navigable de 250 kilomètres, jusqu'aux chutes de Loubi.

La *Mongala*, qui a été remontée par Grenfell, et en 1886 par le lieutenant belge Coquilhat, est relativement peu importante.

L'*Ubanghi*, signalé à Stanley sous le nom de « Grande Rivière, » est en effet un affluent d'importance considérable, dont l'embouchure a 10 kilomètres de largeur. Hanssens et Van Gèle, explorateurs belges, la remontèrent les premiers en 1884 ; plus tard, Grenfell et le capitaine Coquilhat furent arrêtés par les chutes de Zongo un peu au nord du 4ᵉ degré de latitude septentrionale ; mais le capitaine Van Gèle parvint en 1888 jusqu'au confluent du *Mbomo*. Elle reçoit en outre à droite le *Lobai* et l'*Ibanga*, sur le territoire devenu français, et à gauche le *Nghirri*, dans l'étroite et basse presqu'île resserrée entre l'Ubangi et le Congo.

Les probabilités font aujourd'hui de l'Ubangi le cours inférieur de l'*Ouellé*. Celle-ci, découverte par Schweinfurth en 1870, prend sa source dans les Montagnes Bleues, à l'ouest du lac Albert et du haut Nil, par plus de 1000 mètres d'altitude ; elle traverse le pays des Mombouttou et des Nyam Nyam, reçoit de nombreux affluents explorés par Junker (1883-86); puis, sous le nom de *Macoua*, elle coupe le parallèle de 4° de latitude nord, et confue avec le *Mbomo*, autre branche supérieure de l'Ubanghi.

Affluents de gauche. — Tandis que, par l'effet de la courbure du fleuve, les affluents de droite viennent de tous les points cardinaux et rayonnent comme les branches d'un éventail, ceux de la rive gauche sont rassemblés en faisceau et coulent généralement en convergeant du sud-est vers le nord-ouest.

Outre le Loualaba, dont nous avons parlé, et ses nombreux affluents, le Congo reçoit ainsi par sa rive gauche le Lomami, le Loulongo, l'Ikélemba, le Rouki ou Tchouapa, l'Irebou et le Kassaï.

Le *Lomami*, exploré en 1888 par Delcommune jusqu'à la latitude de Nyangwé, coule du sud au nord, parallèlement au Congo, et se termine en aval des Stanley-Falls.

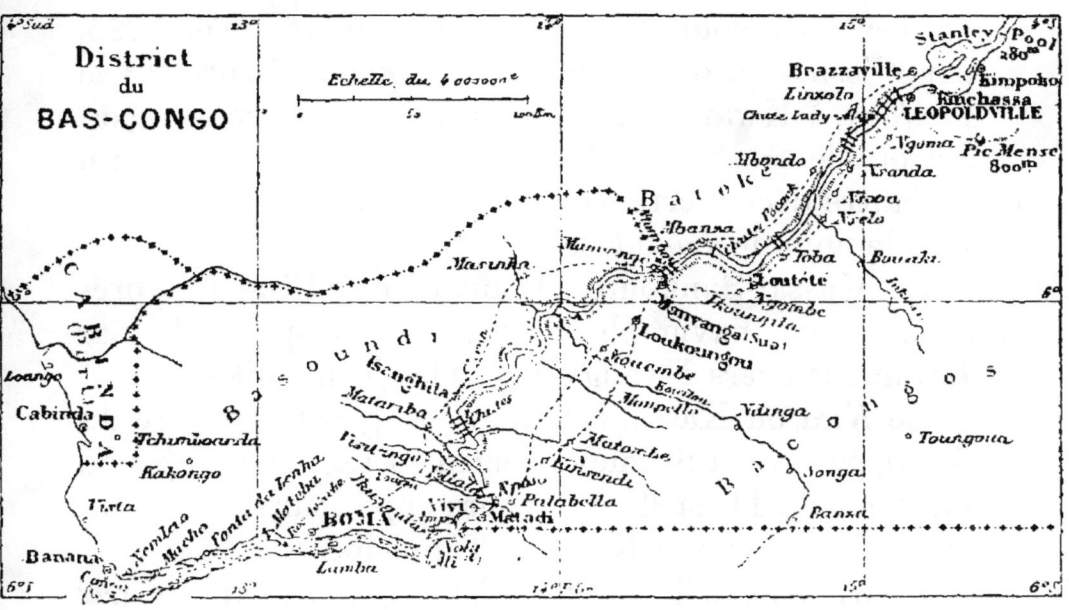

Le *Loulongo*, remonté par Grenfell en 1885, et son affluent le *Lopori*, exploré par Van Gèle en 1887, coulent de l'E. à l'O. et drainent le territoire jusque sur la rive du Congo, ce qui explique l'absence d'affluents directs depuis le confluent du Lomami.

Le *Rouki*, appelé *Tchouapa* dans son cours supérieur, fut exploré par Grenfell et von François, en 1885, et par Van Gèle l'année suivante ; il longe presque l'équateur, reçoit à gauche la *Boussera*, et finit à Equateurville, presque au même point qu'un autre affluent du nom d'*Ikélemba*.

L'*Irebou* sert de déversoir au lac *Matumba*, exploré par Stanley, et se jette dans le Congo en face de l'Ubangi.

Le *Kassaï* est le plus puissant affluent du sud, comme l'Ubangi l'est du nord ; son bassin embrasse le quart de celui du Congo. Reconnu par Livingstone en 1860 et par Cameron en 1875, vers sa source dans le pays de Mouata-Yambo, il fut remonté en 1882 par Stanley, dans son cours inférieur désigné sous le nom de *Kwa* ; son cours central ne fut exploré qu'en 1885, par Wissmann, qui descendit de Loulouabourg sur la *Louloua*, à Kwamouth au confluent du Congo. Il reçoit à droite le *Sankourou*, lequel, grossi du Lomami (l'un et l'autre découverts par Wolf), paraît venir du sud sous le nom de *Loubilasch*.

Le Kassaï-Sankourou-Lomami constitue une précieuse voie navigable directe de Léopoldville par Kwamouth vers Nyangwé et le lac Tanganika.

Le *Kwa* ou Kassaï inférieur se grossit encore du *Mfini*, par lequel Stanley pénétra en 1882 dans le grand lac Léopold II, et dont le cours supérieur, l'*Ikata*, fut exploré en 1886 par Kund et Tappenbeck.

Le *Koango*, déjà connu de Livingstone, exploré par von Mechow et Massari, est une grande rivière qui se dirige vers le bas Kassaï.

Lacs. — En résumé, le bassin du Congo belge comprend les lacs *Bangwélo*, *Moéro*, une dizaine de lacs du *Loualaba*, le grand lac *Tanganika* et, dans la partie occidentale le *Matumba*, le *Léopold II*, enfin le *Stanley-Pool*, sans parler des nombreux renflements du Congo, qui ont souvent la largeur et les caractères de véritables lacs.

CHAPITRE VII.

EXPLORATIONS FRANÇAISES DE 1889 A 1891.

MM. CRAMPEL, CHOLET, GAILLARD ET FOURNEAU.

Le but à atteindre. — Les traités conclus avec le Roi des Belges donnaient à la France la rive droite du Congo et de l'Oubanghi, dans la partie de leur cours qui, descendant sensiblement du nord au sud, forme la limite orientale du Congo français.

Les limites méridionale et occidentale (Atlantique) étaient également définies, sauf quant à l'enclave du Mouni, que l'Espagne revendique au nord du Gabon.

Au nord, une ligne conventionnelle a été tracée d'accord avec les Allemands, possesseurs du Cameroun. Cette ligne suit le parallèle de 2°30', depuis le Rio Campo à l'ouest jusqu'au 15° de longitude de Paris à l'est, où elle s'arrête brusquement, de sorte qu'elle ménageait à la France un large passage vers les régions du Soudan central et du lac Tchad, but essentiel à atteindre.

C'était à qui, des Français ou des Allemands, exploreraient les premiers ces pays sans maîtres européens, et s'en empareraient officiellement, selon l'article 4 du Congrès de Berlin (voir p. 90). Les Allemands organisèrent diverses expéditions pour rejoindre le Cameroun à la voie fluviale de l'Oubanghi-Congo, tandis que pendant plusieurs années, de 1885 à 1889, l'administration du Congo français restait inactive, semblant ne se soucier aucunement d'étendre vers le nord les limites de son territoire.

Heureusement pour nous, les expéditions allemandes eurent à subir de nombreux échecs de la part des indigènes, et ne parvinrent pas à leur but. Enfin en 1889, des expéditions françaises se mirent en marche.

M. Cholet, en 1890 eut la bonne fortune de remonter la Sangha jusqu'au delà du 2º de latitude nord. L'année suivante MM. Gaillard et Fourneau parvinrent par la même voie jusque vers le 4e degré, de sorte que notre territoire s'étend éventuellement jusque-là.

De son côté, M. Crampel, après avoir, à la suite des explorateurs belges, remonté l'Oubanghi jusqu'au coude qu'il forme sous le 5º de latitude, s'avançait vers le nord à la recherche du lac Tchad, lorsque, attaquée par les indigènes, son expédition subit un désastre complet où lui-même périt, semble-t-il, tandis que de rares survivants parvinrent à Brazzaville où ils en apportèrent la triste nouvelle.

L'avenir nous dira si cet échec pourra être réparé assez tôt pour parvenir au lac Tchad, avant que les Allemands et les Anglais ne s'en soient emparés.

§ I. EXPÉDITIONS DE PAUL CRAMPEL.

Paul Crampel, chargé d'une mission scientifique dans l'Afrique équatoriale occidentale, partit une première fois pour le Congo français, en février 1887, avec M. de Brazza, qui l'avait choisi pour son secrétaire particulier. L'année suivante, il obtenait l'autorisation d'explorer toute la région située entre Lastourville, sur l'Ogoôué, et les rivières Benito et Campo, région complètement inconnue et sur laquelle il importait que nous eussions quelques notions. Crampel organisa son convoi et, seul Européen, sans interprète, avec deux laptots armés d'un unique fusil et quelques indigènes loangos de la côte, il partit de Lastourville, le 12 août 1888, pour son aventureuse exploration.

Bientôt aux prises avec les plus grandes difficultés, il pénétra chez les M'Fans, où il rencontra une race de pygmées, les Bagayas, sur lesquels il donna d'intéressants renseignements ; puis, arrivé à la limite nord de nos possessions, il se dirigea vers l'ouest afin de rallier le littoral. C'est dans cette partie de son voyage que, par diplomatie, il accepta pour femme une petite pahouine de neuf ans, Niarinzhe, fille d'un puissant chef, qu'il a amenée en France et qui est repartie avec lui sur la route du Tchad.

Quelques jours après, à 250 kilomètres de la côte, Crampel est attaqué par les Pahouins ; deux de ses hommes sont tués, lui-même est atteint de deux coups de feu ; il faut battre en retraite. Alors commence une marche dramatique vers l'Ouest, à travers la forêt et les marais ; mais, malgré les terribles souffrances que lui causent ses blessures, le courageux explorateur parvient à force d'énergie à relever le moral de son escorte et à la sauver. Enfin, il atteint un poste français : c'était la délivrance. Il lui sembla alors que ses maux étaient finis. Les résultats de l'exploration étaient considérables ; Crampel rapportait de ce coin du Congo où il avait tant souffert des notes et des collections importantes.

En septembre 1889, nous l'avons entendu au Congrès de Géographie de Paris raconter son voyage.

Jeune encore — il n'avait que 25 ans — de taille élancée et d'apparence peu robuste, il rachetait cette apparence de faiblesse dans un explorateur par une tête d'artiste, garnie de longs cheveux, une figure régulière marquant une intelligence très éveillée.

2ᵉ voyage. Crampel remonte l'Oubangui. — Mais cet apprentissage de la vie d'explorateur avait, malgré les dangers qu'il avait courus, inspiré à Crampel l'idée de se dévouer à une entreprise grandiose : il voulait tracer sa voie, du Congo au lac Tchad, à travers une région inconnue et ouvrir à notre commerce une route vers les riches pays du Baghirmi, du Bornou et du Sokoto.

Rentré en France avec sa petite Pahouine, Crampel donna un corps à ce grand projet ; avec le concours d'amis dévoués et de généreux souscripteurs, il réunit les fonds nécessaires à ce nouveau voyage d'exploration.

Le 20 mars 1890, il quittait la France, emmenant avec lui Niarinzhe et le targui Ischekhad-ag-Rhali, Touareg fait prisonnier par les Chaambâ et interné à Alger, quand on lui proposa de servir de guide à l'expédition Crampel pour sa traversée du lac Tchad au Sud-Algérien. Le 6 mai, Crampel arrivait au Congo français ; mais ce n'est que le 10 juillet, après bien des ennuis causés par l'inexpérience de plusieurs de ses compagnons, que sa caravane prenait par terre la route de Brazzaville, qu'elle atteignait le 15 août.

Quelques mois auparavant, un de nos agents, M. Musy, chef du poste de Bangui, avait été tué et mangé par les sauvages indigènes de cette région. Crampel se chargea de rétablir notre autorité de ce côté. Cependant, son personnel était déjà réduit par les défections ; deux Européens l'avaient quitté à Loango, un autre avait dû abandonner la partie à Brazzaville, pour raisons de santé. L'expédition qui allait s'engager dans l'inconnu se composait, au moment où elle allait remonter l'Oubangui, de MM. Crampel, Lauzière, ingénieur, élève de l'Ecole centrale ; Nebout, chef de caravane ; Biscarrat, ancien sous-officier aux spahis sénégalais, chef d'escorte; Orsi, sous-chef de caravane; Mohammed ben Saïd, étudiant en médecine, interprète arabe; le targui Ischekhad-ag-Rhali et la pahouine Niarinzhe, interprète m'fan. Trente Sénégalais pourvus de fusils formaient l'escorte; le gros de la caravane comptait 223 porteurs indigènes.

Le 16 août, l'expédition quittait Brazzaville, touchait successivement à la mission catholique belge du Kassaï et à la mission protestante anglaise de Bolobo, où elle recevait un excellent accueil, et arrivait, le 25 septembre, à Bangui, le poste extrême français de l'Oubangui. Le pays était aussi troublé sur la rive belge que sur la rive française; Crampel infligea aux indigènes une leçon dont ils ont gardé le souvenir et pacifia la région. En même temps, il poussait des reconnaissances sur l'Oubangui, en explorait les rives et les affluents, concluait des traités avec les principaux chefs et dressait la carte des territoires qu'il venait de parcourir.

Pendant qu'il accomplissait cette tâche, le reste de son convoi avait rallié le camp qu'il avait établi à Dioukoua. On pouvait donc se mettre en route vers le Nord. Mais le convoi était déjà réduit; Crampel, bien qu'éprouvé par les fatigues sans nombre, partait néanmoins plein d'espoir. Il s'avança dans la direction du Baghirmi, et d'après des communications récentes de Brazzaville, on pouvait espérer qu'il arriverait sans encombre au Chari. En effet, tandis que des nouvelles de source étrangère disaient que l'expédition avait subi un désastre, les dépêches du Congo français rapportaient qu'elle continuait sa route et que bientôt elle recevrait les renforts qui lui avaient été expédiés par le comité de l'Afrique française. Malheureusement, les rumeurs arrivées au Congo étaient vraies, et nous avons la douleur de constater que, seul, M. Nebout, chef de caravane, a échappé au désastre. Il en est qui espèrent que M. Crampel a pu survivre ; cependant, le premier télégramme de Libreville est catégorique ; il est vrai qu'une autre dépêche dit que les preuves matérielles de la mort de l'intrépide explorateur manquent. Attendons !

Quoi qu'il en soit, il est un fait certain, c'est que l'expédition a échoué. Il resterait à voir si elle a été organisée comme il convenait, si elle possédait des moyens assez puissants pour venir à bout de la grande entreprise qu'elle tentait. Déjà, à Loango, Crampel avait eu grand'peine à recruter son personnel indigène. Déjà ses ressources étaient diminuées, et il lui fallait de longs mois avant de prendre son essor vers le Nord et de quitter l'Oubangu, sa véritable base d'opérations ! C'est ce dont le comité de l'Afrique française avait conscience, car, avec un zèle qu'on ne saurait trop louer, il avait pris l'initiative d'envoyer sur les derrières de l'expédition Crampel une colonne de secours qui est actuellement à Brazzaville. Elle ne servira à rien, mais peut-être son chef parviendra-t-il à faire la lumière sur le désastre dans lequel le jeune explorateur a trouvé une mort si prématurée.

En Crampel, la France perd un de ses meilleurs enfants. Il était, en effet, de ceux qui ne rêvent que la grandeur de la patrie et cherchent, au prix de leur existence, à ajouter une page brillante à son histoire. Aussi son nom ne sera pas oublié. Il mérite de survivre à la catastrophe qui vient de mettre fin à une exploration sur laquelle on avait fondé tant de grandes espérances.

Du reste, son expédition est reprise par M. Dibowsky qui suivra les traces de son devancier, dans l'espoir de la rencontrer peut être encore vivant.

(Décembre 1891.)

Village nègre des rives du Congo.

§ II. Exploration de la Sangha par Cholet (1890).

La plus importante exploration de ce voyageur est celle de la rivière Sangha, affluent considérable de la rive droite du Congo, qu'elle rejoint vers un degré sud, entre l'embouchure de l'Alima et celle de l'Oubangui. Elle coule par conséquent en territoire entièrement français. Nous avons eu un poste, aujourd'hui abandonné, à Bonga, point très important à l'embouchure de la rivière. Il n'y a plus à cet endroit qu'une factorerie de la maison Daumas et Cie.

Le 30 mars, l'explorateur quitta ledit Bonga, ayant pour compagnon M. Philippe Pottier. Ils montaient le *Ballay*, chaloupe à vapeur de 9 mètres de long, pouvant porter, en plus du bois destiné à la machine et de ses neuf hommes d'équipage, les caisses de vêtements indispensables. Les marchandises, les provisions étaient dans un petit youyou démontable en toile.

La Sangha est large au minimum de 300 mètres, mais souvent sa largeur dépasse 2 kilomètres. Son cours est encombré d'îles et de bancs de sable. Ces derniers, à l'époque des eaux très basses, où l'on était, sont littéralement couverts d'hippopotames.

Elle présente trois aspects différents. Dans sa partie inférieure les rives sont basses, marécageuses ; on ne communique que par eau. Les villages sont situés loin de la rivière, sur de petits canaux encombrés à dessein de troncs d'arbres, par crainte des gens de l'Oubangui, qui viennent faire des razzias. Ils sont habités par les Abfourous, population très commerçante qui va en pirogues jusqu'au haut de la Sangha chercher l'ivoire chez les indigènes, pour le revendre à Bonga, à la factorerie française, mais surtout à Bolobo, sur le territoire de l'Etat Indépendant et au Stanley-Pool.

La partie moyenne est habitée par les Bousindés. Dans cette région, les rives sont plus élevées ; les villages sont situés sur le bord de la rivière et formés d'une grande rue parallèle à son lit. Les Bousindés, moins entreprenants sur eau que leurs voisins, voyagent beaucoup par terre. Ils ont des relations avec les Kidombas de l'Ogôoué et les Pahouins, ainsi qu'il est facile de le constater par leurs armes. Ils ont un peu d'ivoire provenant en partie de leurs chasses, en partie des populations de l'intérieur.

Enfin la partie supérieure, ou du moins celle que l'état des eaux permit d'atteindre, est habitée par les Bassangas, peuplade très riche et très puissante. Leurs villages sont situés sur des îles. Les cases, au lieu d'être de petites huttes comme chez les autres noirs, sont d'immenses hangars fermés, autour desquels sont les chambres. La case du chef le plus important, Minganga, du village d'Ouoso, avait 40 mètres de long, 18 de large et 7 de haut. Toutes les populations de l'intérieur viennent là pour vendre leur ivoire aux Abfourous, et, malgré les redevances payées par les uns et les autres aux chefs chez qui se font les échanges, l'ivoire s'obtient à un prix vraiment dérisoire.

Au village de Ouoso, la Sangha reçoit un affluent important, le seul qui puisse être regardé comme une rivière, la N'Goko, et elle-même prend le nom de Massa. A deux reprises, M. Cholet tenta de remonter la Massa qui est encore bien large (1800 mètres), mais les bancs de sable ne lui permirent pas de continuer, et après plusieurs échouages, il dut retourner sur ses pas. A l'endroit où l'on était parvenu, les rives sont basses ; la largeur du lit de la rivière fait supposer qu'à l'époque des hautes eaux (mi-juillet à mi-novembre), on pourrait encore remonter bien loin dans une direction qui semble être le nord.

Ne pouvant suivre la Massa, l'expédition s'engagea dans la rivière N'Goko. L'aspect en est complètement différent ; son lit est resserré ; la plus grande largeur est 200 mètres. On ne tarda pas à voir de chaque côté de hautes montagnes boisées. L'éléphant, dont on voit partout les traces jusqu'à Brazzaville, est très commun dans cette région. Chaque jour on en voyait quelques-uns qui se baignaient.

Les populations sont éloignées de la rivière. On rencontre seulement trois villages situés sur trois îles et dépendant du grand chef Minganga de Ouoso. Après le dernier de ces villages, la rivière change de nom. Vers l'est, se trouve la rivière Mangango, large de 100 mètres, mais on ne put remonter plus d'une heure et demie, empêchés par les rapides et les bancs de sable.

Depuis le 9 mai, on n'avait plus trouvé aucune trace d'habitants, ni pirogues, ni plantations, ni places d'anciens villages, pas même de sentiers venant aboutir à la rivière, pas même de restes de feu.

Les éléphants, les hippopotames, les bœufs sauvages vivent là en maîtres. De grandes plaines situées entre les montagnes sont tellement parcourues par ces animaux que le terrain est comme celui d'une cour de ferme.

« Nous commencions à manquer de vivres pour nos hommes, ajoute l'explorateur ; d'un autre côté, la rivière, en se resserrant, devenait de plus en plus difficile et suivait une direction qui pouvait nous entraîner en territoire allemand. Nous dûmes donc rebrousser chemin, le 15 mai, et le 31, nous étions à Bonga.

» Dans toute la Sangha, nous avons été très bien accueillis. Le premier moment de frayeur inévitable chez des hommes qui n'avaient jamais vu de blancs étant passé, nous obtenions facilement ce dont nous avions besoin. Ils n'ont pas de relations avec les populations de l'Oubangui, qu'ils ne connaissent que par ouï dire, et ne sont pas anthropophages. Par leurs armes, leur langage, leurs danses, ils se rapprochent des Pahouins et des Oudombos.

» Ce pays est très riche en ivoire et possède aussi du caoutchouc... »

De retour à Brazzaville, M. Cholet, ayant besoin de repos, repartit pour l'Europe, avec le mérite d'avoir trouvé la principale voie de communication du Congo français avec le Soudan central qui lui confine au nord. Son exploration fut continuée par MM. Fourneau et Gaillard.

§ III. EXPLORATION GAILLARD SUR LA SANGHA.

M. Gaillard a adressé au Gouvernement le rapport officiel de la mission dont il était chargé pour explorer la Sangha et ses affluents, tant dans les régions parcourues l'année dernière par M. Cholet, qu'au-dessus des points que l'état des eaux ne lui avait pas permis de dépasser.

Poste de la Sangha, 10 mai 1891.

Partis de Brazzaville le 11 janvier dernier, avec les canonnières *Djoué, Oubanghi* et la chaloupe à vapeur *Ballay*, emmenant le personnel et le matériel de la mission Fourneau, le 23, nous remontions la Sangha avec succès et, le 3 février, nous atteignions le confluent de la rivière N'Goko. C'est sur une île de la Sangha, en face de ce confluent qu'est établi le village de Muiganga. Ce chef est le plus important de la région que nous venions de parcourir. C'est pourquoi je palabrai plusieurs jours avec lui ; j'obtins même qu'il convoquât dans son village les chefs relevant de son autorité. Dans cette réunion j'ai fait l'échange du sang avec Muiganga qui, en présence de ses vassaux, a reconnu notre droit d'occupation et a déclaré se soumettre à notre autorité...

M. Fourneau ayant reçu le reste de son personnel et de ses charges, se mit en route le 7 mars. Quant à moi, je me transportai le lendemain à bord de la canonnière *Djoué* pour remonter le N'Goko, afin d'appuyer aussi loin que possible la mission Fourneau. Le bruit des palabres avec Muiganga m'avait précédé et je fus partout bien accueilli. Profitant de ces bonnes dispositions, je me suis fait l'arbitre des difficultés qui divisaient les différents villages de cette contrée. Ma médiation fut accueillie avec empressement; et je mis fin aux hostilités entre les villages d'Ouesso, d'Issongo et de Tingonioko ; à la suite de palabres, je me suis fait rendre des femmes retenues prisonnières, des défenses d'ivoire, des marchandises volées, et je remis le tout à qui de droit en faisant payer des indemnités par les coupables. Le point extrême que j'ai pu atteindre sur la N'Goko, dans la direction du nord, se trouve au village de Molondo, au confluent des rivières Boumba et Lobi, par 2°3' lat. N. de Paris.

De retour, le 24 mars, au poste de la Sangha, je constatai quelques jours après une crue de 50 centimètres dans les eaux de la Sangha, et je m'empressai d'en profiter pour remonter cette rivière aussi haut que possible.

Je partis donc le 3 avril avec la chaloupe à vapeur *Balay*, emmenant M. Husson comme capitaine, avec huit hommes d'équipage. Le jour même de notre départ, nous arrivons au point extrême que M. Cholet n'avait pu dépasser par suite de l'état des eaux. Mieux favorisé par les circonstances, j'ai pu passer franchement, et, le 9 avril, je rejoignais la mission Fourneau au village de N'Dongo, sur une île de la Sangha.

Trois jours après j'arrivai au pays des Bakotas. A cet endroit, la Sangha est formée par deux bras importants : la Likélé dont la direction est N.-E., et la Massiéba, N.-N.-O. Mais je fus bientôt arrêté dans la navigation de ces deux rivières par suite de l'état des eaux. Le passage de la Sangha le plus difficile à franchir est le rapide de Lipa, situé au-dessus du village de ce nom. En cet endroit, la rivière a environ 100 mètres de large, et, dans un coude brusque, elle se trouve resserrée par des montagnes à pic dans une largeur de 80 mètres. De chaque côté des rives, des bancs de roches à moins de 1 mètre de profondeur ne permettent pas de profiter des contre-courants pour remonter, de sorte qu'en réalité toute l'eau passe dans un canal d'environ 30 mètres de large en formant une immense crête écumeuse, dont le renflement est très visiblement marqué. C'est sur cette ligne de faîte qu'il faut se maintenir pour éviter d'être pris dans d'immenses tourbillons en entonnoir. Je n'exagère pas en évaluant à 6 nœuds la vitesse du courant. A deux reprises différentes avec 5 kilog. de pression, le *Ballay* ne pouvait remonter le courant et fut ramené au pied du rapide, où la sonde à 30 mètres n'accuse pas de fond. Il a fallu pour pouvoir passer, augmenter la pression jusqu'à l'extrême limite. Nous avons mis 45 minutes pour franchir ce rapide, qui a 300 mètres de long environ.

Dans le cours supérieur de la Sangha, aussi bien que dans le cours inférieur, le même détail est à noter au sujet de la situation des villages. Presque tous sont établis sur des îles ; ceux qui, par exception, sont construits sur la terre ferme sont entourés de palissades, d'abatis d'arbres pour se protéger contre les attaques et les surprises des indigènes de l'intérieur. Les villages sont très nombreux, la population très dense, les plantations importantes, et, par suite, les vivres très abondants. Il y a beaucoup d'ivoire et les indigènes ignorent la valeur de ce produit qu'ils échangeraient avec satisfaction contre des marchandises européennes de peu de valeur.

Presque tous les chefs ont une ou plusieurs familles de nains, appelés Babingas, qui chassent l'éléphant pour leur compte. J'ai vu ces Babingas; ils n'habitent pas les villages, ils campent dans la brousse. D'une taille au-dessous de la moyenne, ils sont trapus et fortement musclés. Très habiles à la chasse, leurs armes se composent de sagaies en forme de harpon, dont la longueur du fer varie de 20 à 40 centimètres. Ils portent les cheveux et la barbe incultes sans ornement. Lorsqu'ils ont à se plaindre d'un chef sous la protection duquel ils s'étaient mis, ils disparaissent sans rien dire, et vont recommencer dans une autre région leur vie de chasseurs nomades. Aussi, comme ils sont une source de richesses pour les villages, ils sont toujours bien traités.

Considérations générales. — Dans la Sangha, les indigènes ont un très grand respect pour les pactes d'amitié conclus par l'échange du sang. J'ai donc fait l'échange du sang avec tous les chefs de la région; j'ai déclaré libre la navigation de toute la rivière et en assurant que nous ne permettrions pas qu'on y portât entrave. Je n'ai pas eu, dans tout le cours de mon voyage, à faire un seul acte de violence; la patience, la persuasion, la mise en jeu des intérêts commerciaux m'ont suffi pour passer librement partout. Comme conséquence de cette ligne de conduite toute pacifique, la confiance des indigènes nous est acquise. C'est ainsi que trois Loangos et un Pahouin, qui avaient été laissés malades dans trois villages différents de l'intérieur par M. Fourneau, m'ont été ramenés par les chefs, lorsqu'ils ont été en état de marcher. Ces hommes sont rapatriés à Brazzaville par le *Djoué*. Un autre Pahouin de la mission s'était enfui, emportant une caisse de perles qu'il était allé offrir au chef Djoucougobo, à condition que celui-ci l'accueillît dans son village et lui donnât une femme. Le déserteur avait ouvert la caisse et étalé son contenu, qui représentait une valeur considérable pour les indigènes. Le chef fit amarrer le voleur, reclouer la caisse sans prendre une perle, et fournit spontanément quatre hommes pour porter la charge et ramener le déserteur que je renvoie à votre disposition.

Conclusion. — En résumé la Sangha est une importante voie de pénétration directe avec le Soudan. Le pays est riche en ivoire, et les bateaux de commerce peuvent librement aller partout où j'ai passé, sans avoir à redouter aucune hostilité de la part des indigènes. Accueillis par eux de la manière la plus favorable, nous pouvons considérer que cette région nous appartient et nous est définitivement ouverte.

§ IV. EXPLORATIONS DE M. FOURNEAU.

M. Fourneau accomplit deux voyages officiels au Congo français, dans le but d'explorer le pays et de passer des traités de commerce avec les chefs indigènes. Le premier, qui eut lieu en 1889, n'offre rien de bien remarquable et suit plus au moins parallèlement l'itinéraire tracé par Crampel l'année précédente. Accompagné de M. Dolisie et de 47 porteurs indigènes, il partit le 5 août de Témané sur l'Ogôoué, se dirigeant vers le nord. Il toucha la limite allemande du Cameron au même point que son prédécesseur, et pénétra sur ce territoire, sans toutefois beaucoup s'éloigner et tout en cheminant à l'ouest vers le Rio Campo, situé à l'extrémité de la frontière franco-allemande, et qui était le terme de son exploration. Il arriva le 11 octobre, au poste français de la région, 67 jours après avoir quitté l'Ogôoué.

Le second voyage de Fourneau eut pour but de compléter l'exploration de la Sangha, commencée par Cholet en 1890.

La mission a quitté, le 7 mars, le poste de Ouassou, situé au confluent de la Sangha et du Ngoko. Après quelques jours de marche sur la rive gauche de ce dernier, le chef de la mission reconnaît que, grâce aux fausses indications que lui ont données les indigènes, il s'est écarté de la direction vers le nord-est qu'il s'était assignée. Le 9 avril, il arrive à une rivière appelée Madomba, qu'il traverse presque à son confluent avec la Massa. Ce même jour, la mission est rejointe par le vapeur *le Ballay*, ayant à son bord MM. Gaillard, chef de zone, et Husson, capitaine du *Djoué*, qui n'ont mis que quelques jours pour arriver au point que Fourneau atteint après un mois de marche.

La Massa ne serait autre que la Sangha elle-même ; c'est donc une voie de pénétration directe. Le *Ballay* quitte la mission après lui avoir fait traverser la rivière et se dispose à continuer sa route jusqu'à ce que les rapides arrêtent sa navigation.

Les jours suivants, Fourneau poursuit sa marche à travers une succession de plaines et de massifs de brousse, et il arrive, le 15 avril, au confluent de la Massa-Sangha et de la Kallé. Trois jours après, il arrive à l'extrémité d'un ancien village perpendiculaire à la rivière Likellé, à 1800 mètres environ au nord et en amont du point où la Massa-Sangha se divise en deux rivières : l'une la Massipa, remontant vers l'ouest ; l'autre la ci-devant Likellé, remontant au nord. Le *Ballay* était arrivé à ce point depuis le 16 avril, après avoir failli chavirer en aval dans un tourbillon formé par la rencontre de deux courants violents.

Tandis que Husson et Gaillard se proposent de remonter la Likellé, la mission Fourneau poursuit sa route au nord sans incidents jusqu'au 1er mai.

A cette date, elle arrive à la rivière Sodi, au passage de laquelle elle trouve une quantité considérable d'hommes armés d'arcs et de sagaies, dont l'attitude ne peut laisser de doutes sur leurs intentions hostiles. Fourneau fait passer la rivière à toute sa troupe, et cette traversée, qui dure une heure et demie, s'effectue sans accident.

Après avoir atteint un village, où il parlemente avec le chef qui semble lui faire bon accueil, il se remet en marche, lorsqu'à un kilomètre de distance, le sergent Toumané, des tirailleurs de l'escorte, est blessé d'un coup de sagaie dans le dos. Une lutte s'engage, dans laquelle 4 indigènes sont tués et le caporal Bayla blessé par une flèche. Le chef de la mission, pour châtier ce guet-apens, fait brûler le village et rassemble son monde, lorsque des indigènes cachés à quelques pas dans la brousse, envoient une volée de flèches, dont l'une blesse grièvement un soldat sénégalais. Après avoir encore repoussé cette attaque, la mission reprend lentement sa marche en avant et vient camper pour la nuit au milieu d'un groupe de cases abandonnées, à proximité d'un marigot. Les jours suivants, la mission traverse divers villages, dont la population ne manifeste pas de sentiments hostiles. Toutefois, le 8 mai, le journal signale la présence de forts groupes d'hommes armés, qui semblent animés de mauvaises intentions. Même situation le lendemain. La mission arrive le 9 au soir sur la rive gauche d'une rivière, où elle dresse son campement pour la nuit. A deux heures du matin, une troupe d'indigènes vient la surprendre, mais disparaît bientôt, après avoir blessé d'un coup de sagaie un homme de l'escorte. Le lendemain, 10 mai, on arrive dans le village de N'Zaouré, dont le chef promet de donner un guide pour le lendemain, si la mission consent à s'arrêter et à coucher chez lui. L'est là qu'une attaque imprévue, survenue au milieu de la nuit, devait compromettre le sort de nos compatriotes.

Le rapport suivant, adressé par M. Fourneau au commissaire général du Congo français, relate les divers incidents de cette attaque, qui a coûté la vie à son compagnon d'exploration, le regretté M. Thiriet, et à 15 hommes d'escorte. M. Fourneau, atteint lui-même d'un coup de sagaie, a su néanmoins assurer la retraite de la mission avec un courage et un sang-froid remarquables.

« *Poste de la Sangha, 19 mai 1891.*

« Me voici de retour au poste de la Sangha, d'où j'étais parti, le 7 mars, plein d'espérance, ayant foi absolue dans l'avenir, avec la certitude de mener à bien la mission que vous m'avez confiée. Je reprends mon journal au point même où je l'ai laissé le 10 mai.

11 mai. — Malgré les assurances d'amitié que venait de me donner le chef N'Zaouré, la veille, je n'étais pas tranquille.

Tout à coup, à 4 heures 30 minutes, des cris sauvages éclatent de toutes parts, des centaines d'hommes armés de sagaies, de lances et de flèches se précipitent sur nous ; c'est une véritable boucherie. Notre massacre va être consommé, quand notre fusillade éclate enfin et réussit à élargir quelque peu le cercle de ces forcenés. C'est presque un combat corps à corps, auquel le jour qui commence à paraître et qui permet à notre tir d'être plus juste, met fin quelque temps.

A quelque pas de moi, la tente de M. Thiriet est renversée, et lui-même gît, le corps traversé par deux sagaies, la tempe droite fracassée par une horrible blessure. Ce n'est plus qu'un cadavre. Moi-même je viens d'être jeté par terre par un coup de lance qui, heureusement dévie sur l'arcade sourcilière droite, et j'en suis quitte pour une horrible hémorragie ; ma blessure sera insignifiante. A ce moment, apparaît M. Blom, blessé, lui aussi, au côté droit, par un coup de lance ; je le vois bientôt s'affaisser sans connaissance.

La fusillade continue ; les hurlements des assaillants nous assourdissent toujours ; mais ils se tiennent plus au large, et bientôt leurs sagaies et leurs flèches ne nous atteignent plus.

Nos porteurs sont affolés, ils courent en tous sens, éperdus et sanglants; seuls, les Sénégalais restent à leur poste, inébranlables, et bientôt repoussent définitivement nos agresseurs. Je regarde autour de moi : les cadavres de 7 de nos hommes, y compris de celui de M. Thiriet, et 28 de mes porteurs, couverts d'horribles blessures, gisent autour de moi; parmi ces derniers, je dois compter M. Blom et 6 Sénégalais. Il n'y a pas une minute à perdre. Aveuglé moi-même par le sang, je panse à la hâte tous ces mutilés, et, le revolver au poing, je parviens à rétablir tant soit peu l'ordre. Je fais confectionner un tippoï (hamac) avec les débris de ma tente pour transporter M. Blom, revenu à lui ; puis, rassemblant presque la totalité de nos marchandises, j'y mets le feu, après avoir placé sur ce bûcher improvisé les cadavres de nos hommes, pour les dérober aux mutilations que plusieurs d'entre eux avaient déjà subies. A côté, je fais aussi brûler le corps de M. Thiriet. avec tous ses effets et sa tente.

Bientôt, le village n'est plus qu'un immense brasier, que nous quittons à 8 heures.

Je marche en tête avec le sergent Malal Yoro : le tippoï de M. Blom et la moitié des Sénégalais valides nous suivent immédiatement ; puis tous les blessés et porteurs, et l'arrière-garde est formée avec le reste des laptots et le sergent Foumane.

Je dirige la marche vers le nord-est, pour rejoindre, si possible, la rivière Ekela, par le chemin le plus court. Un quart d'heure à peine après notre départ, l'attaque recommence sur toute la ligne et notre fusillade éclate à nouveau ; nous marchons pas à pas afin d'éviter toute solution de continuité dans la colonne. Néanmoins, un Sénégalais et deux Loangos, blessés mortellement ce matin, tombent sur la route et ne tardent pas à devenir la proie des indigènes. La marche se poursuit toujours en combattant ; nous ne faisons que traverser des groupes de cases que nous incendions. Notre unique caisse de cartouches a été distribuée. Enfin à 3 1/2 heures, nous avons le bonheur d'atteindre la rive droite de l'Ekela. Nous nous emparons à coups de feu d'une grande pirogue qui descendait, chargée de guerriers ; puis je détache aussitôt le sergent Malal et quelques laptots à un village en amont, pendant que je fais coucher autour de moi, et contre la rive, tous les blessés que le reste des Sénégalais garde en faisant un cordon de sentinelles. Nous ne sommes plus poursuivis et avons un moment de répit. Alors la fusillade éclate en amont : c'est le sergent Malal qui s'empare d'un village, d'où il ne tarde pas à descendre en ramenant huit pirogues. C'est notre salut ! Je fais aussitôt inonder les quelques marchandises que nous avions emportées ; nous embarquons, et, à 5 1/2 heures, nous commençons à descendre l'Ekela. La nuit tombe, le combat cesse. Nous avons pagayé toute la nuit sans une minute d'arrêt ; mais, à peine le jour a-t-il paru, que le combat recommence. Sur les deux rives de la rivière s'élèvent une foule de villages et des milliers d'hommes se

Une factorerie des rives du Congo et de l'Oubanghi.

pressent à droite et à gauche, nous criblant de projectiles. Notre tir, très meurtrier, ne leur permet pas d'aborder nos pirogues ; cependant, deux de nos hommes sont encore très grièvement blessés par des flèches barbelées, qui nous atteignent à plus de 100 mètres de distance. A droite et à gauche de nos pirogues, il en pleut, et, seule, la rapidité de notre marche nous sauve de leur atteinte. Nous ne nous arrêtons pas, la nuit tombe et, comme la veille, met fin au combat.

A 10 heures du soir, nous tombons soudain dans les rapides ; nous ne pouvons retenir nos pirogues dont deux sont culbutées et vont se briser dans les chutes ; 4 hommes se noient. Les autres embarcations jetées qui, dans la brousse des rives, qui dans un dédale de rochers, réussissent à enrayer leur marche. Nous couchons sur les pierres, à travers les courants. Nos hommes viennent de pagayer pendant trente heures ; il y en a quarante-huit qu'ils n'ont mangé.

A 5 heures du matin, nous sommes assaillis par une formidable tornade. Néanmoins il n'y a pas une minute à perdre. Nous n'avons presque plus de cartouches. Nous continuons la descente des rapides de Bania sous une averse aveuglante ; enfin, nous arrivons au milieu de villages amis qui nous jettent des cris de paix et d'amitié. Nous sommes arrivés dans la tribu des Mokelos : c'est son chef Tobogo qui nous avait bien accueillis le 26 avril. Il ne nous restait plus que quelques cartouches. Nous sommes sauvés. Cependant, la navigation reste très dangereuse. C'est une succession de sauts et de tourbillons ; une nouvelle pirogue chavire, puis se relève, abandonnant 4 hommes, dont deux blessés qui, heureusement, réussissent à accoster dans un grand village, situé dans une île, où nous nous arrêtons avec le reste des pirogues. Nous respirons. Après avoir pris quelque nourriture, je confie au chef du village deux Loangos blessés, mortellement je crois. Il nous est impossible d'embarquer ces hommes inanimés, alors que nous avons perdu trois pirogues. Le chef me promet de les soigner et de les garder jusqu'au jour où je les ferai reprendre. Quelques jours après, un de ces hommes mourait. Son décès a été constaté par les hommes d'une de nos pirogues retardataires. Enfin ce même soir, nous couchons dans un petit village situé dans une île. Les rapides sont désormais franchis; nous y avons perdu 4 hommes, 6 fusils, 2 pirogues et tout ce qui nous restait de marchandises.

14 mai. — Départ à 7 heures du matin ; vers deux heures, nous arrivons au confluent de la Massiéba et de l'Ekela, chez le chef Nola. Nous nous y arrêtons. Nous pansons nos blessés, prenons des vivres. M. Blom, sans trop souffrir, est toujours très faible.

15 mai. — Nous passons la nuit chez Nola, que nous quittons le 15 à 7 heures du matin. Nous rencontrons en route le chef Moutou, venu pour commercer, et à 8 heures, nous arrivons au village de N'Dongo, où nous couchons.

16 mai. — Nous sommes rejoints à 6 heures du matin, par une pirogue retardataire. D'autre part, la pirogue qui avait chaviré au pied des rapides de Banîa, et montée par l'Okandais Libakou, a continué sa route sans vouloir nous attendre ; le nommé Libakou menaçait même avec un fusil les indigènes qui le rappelaient. Ce fut une véritable fuite, et si, par malheur, un coup de fusil eût été tiré, la guerre recommençait. Nous quittons N'Dongo à 8 h. 30 du matin, et, le soir à 7 heures, nous arrivons au village de Moutou, où nous couchons.

17 mai. — Départ à 8 heures. Nous arrêtons à 5 heures du soir pour permettre aux hommes de prendre quelque nourriture, et, à 6 h. 30, nous repartons. Il nous faut arriver à tout prix demain matin au poste, étant donné le triste état de nos blessés. A 10 h. 30 du soir nous trouvons le vapeur le *Ballay*, mouillé devant un village; prévenu par le fuyard Libakou, il montait à notre rencontre. M. Blom s'installe à son bord ; quant à moi je continue ma route, et, après une nuit sous la pluie, j'arrivais au poste le lendemain, 18 mai, à 7 heures du matin. Depuis le 1er mai, j'avais eu trente hommes blessés et 15 tués, sans comprendre M. Thiriet, tué, et M. Blom, blessé. Nous avons anéanti toutes nos marchandises, perdu 6 fusils dans les rapides, et il ne nous reste plus que quelques cartouches. Voilà les faits. Demain j'enverrai M. Blom à Brazzaville, porteur de ce courrier. Quant à moi, je me crois moralement obligé à ne pas quitter mes hommes, pour la plupart grièvement blessés. Je les emmènerai alors qu'ils seront à peu près rétablis, et à la première occasion. En ces quelques jours j'ai bien vieilli et surtout bien souffert.

Je crois de mon devoir, en terminant, de porter à votre connaissance la belle conduite qui a été tenue par mes miliciens Sénégalais pendant les évènements qui viennent de se dérouler chez les M'Bousas. Leur sang-froid, leur énergie, leur absolu dévouement dépassent tout ce que j'étais en droit d'attendre d'eux. J'ose espérer que M. le commissaire général n'oubliera pas les blessés qui, malgré les douleurs qu'ils supportent, ont combattu et marché jusqu'au bout. Je ferai une mention spéciale pour le sergent Malal-Yoro. Il m'a puissamment secondé par son intelligence, son énergique sang-froid et son courage. »

§ V. Traversée de l'Afrique par le capitaine Trivier, 1890.

Un officier français, M. Trivier, vient de faire en douze mois la traversée de l'Afrique centrale de l'ouest à l'est. (1)

Chargé par le journal *La Gironde*, de Bordeaux, de recueillir des renseignements géographiques et commerciaux sur l'Afrique intérieure, M. Trivier est parti de Bordeaux le 21 août 1888. Le 10 décembre, il quitta Loango et il arriva à Brazzaville le 6 janvier 1889. Le 23 janvier, il partit de Léopoldville, remonta le Congo sur un steamer, et arriva le 18 février aux Stanley-Falls, où il fut bien reçu par Tippo-Tip, qui lui fournit une escorte d'Arabes ; le 21 mars, il était à Nyangoué, d'où il se dirigea vers le Tanganika et arriva à Oudjiji le 6 juin. Le soulèvement des Mahdistes au nord et celui des Arabes contre les Allemands à l'est, rendant le voyage dangereux dans ces directions, M. Trivier suivit le lac Tanganika jusqu'à son extrémité méridionale, où il perdit son compagnon Émile Weissenburger, puis il gagna le lac Nyassa, descendit sur un vapeur le Chiré et le Zambèze et arriva le 1er décembre à Quilimane. Il avait mis un an moins dix jours à traverser le continent africain.

Il a débarqué à Marseille le 21 janvier suivant.

Voici comment la *Gironde* de Bordeaux avait annoncé son retour :

« Le voyage du capitaine Trivier à travers l'Afrique équatoriale est terminé. Une dépêche que nous avons

---

(1) Bien que le voyage du capitaine Trivier n'apporte à la science géographique ni au Congo français aucune donnée nouvelle, puisqu'il a suivi les routes connues, on le lira avec intérêt pour sa rapidité d'exécution.

reçue hier soir de Mozambique nous annonce son arrivée dans cette ville. En voici le texte :

« *Arrivée Mozambique; Emile disparu fin septembre.* »
« *Trivier.* »

« La dernière lettre du vaillant touriste était datée de Kassongo, 13 avril. On se rappelle qu'il nous annonçait pour le lendemain son départ de cette ville. Tippo-Tip, le fameux Arabe que le roi Léopold a nommé gouverneur des Falls, s'était engagé, par contrat dressé en bonne et due forme, à le conduire jusqu'à Zanzibar.

« La dépêche nous apprend que son compagnon de voyage, Emile Weissenburger a disparu fin septembre. Le laconisme du télégramme ouvre le champ à toutes les hypothèses. Disparu comment ? Dans quelles circonstances ?

« Quoi qu'il en soit, il résulte de la dépêche que le collaborateur de la Gironde arrivait à Mozambique presque à la même heure où Stanley et Émin-Pacha touchaient à Zanzibar. »

Lettre du capitaine Trivier. — Les extraits suivants d'une lettre du capitaine lui-même, nous donneront quelques détails sur sa traversée.

« Le 10 décembre 1888, je quittai Loango à la tête de soixante-sept porteurs, et, dix jours plus tard, j'étais au poste militaire de Loudima. Je visitais Boanza et Comba, et arrivais enfin à Brazzaville le 6 janvier. J'y trouvai M. Dolisie, résident par intérim, qui me reçut de son mieux. Muni des lettres de recommandation des grands personnages de l'Etat du Congo, je pensais obtenir facilement la montée aux Falls sur un des vapeurs qui desservent les différents postes. Notre flottille congolaise française étant des plus pauvres, puisque le petit steamer *Alima* était seul en état, je comptris alors les difficultés que j'avais eues avec M. de Brazza avant mon départ de France.

» Il ne me restait plus que la factorerie hollandaise, dont le steamer devait justement partir sous peu. Là, je fus plus heureux, et le 23 janvier, je quittais enfin le Stanley-Pool. Après les diverses escales de la route, nous arrivâmes le 18 février aux Falls, où je trouvai le sultan Tippo-Tib, alors gouverneur de cette station pour le compte du roi Léopold.

Mon Tippo-Tib était le même que celui de Livingstone, de Cameron, de Stanley, des docteurs Junker et Lenz, en un mot le Tippo-Tib de tous les voyageurs africains. Sans sa permission, aucun blanc ne ferait dix lieues sans être molesté, pillé, tué. Ne pouvant me passer du concours du puissant Arabe, je l'achetai, et le 12 février, le pavillon français flottait librement sur les eaux du haut Congo, en amont de la septième cataracte.

Nous touchâmes à vingt villages différents, tous soumis à la domination musulmane, tous gouvernés par les Arabes, et le 21 mars, après avoir franchi les cataractes, j'étais à Nyangoué, un des grands marchés de l'Afrique centrale, et le 25 à Kassongo.

Le 14 avril, je commençai, grâce à mon escorte d'Arabes et à deux ânes de monture, la rude traversée du Manyéma, et après avoir visité les nombreux villages de la route, cinquante-deux jours après, le 2 juin, j'étais à Mtoa, sur les bords du Tanganika. Le 6 juin, j'abordais à Oudjiji.

Le sultan Roumaniza, qui a sans doute son intérêt à bien traiter les blancs, me reçut à merveille et je me disposais à marcher vers Tabora dans l'Ounyanyembé, lorsqu'une lettre de Tippo-Tib vint changer mon itinéraire. Le sultan des Falls mandait à son collègue d'Oudjiji de me garder un mois, deux mois, trois mois, s'il était nécessaire ; mais de ne me laisser partir que lorsque tout serait rétabli dans l'ordre.

» Un instant j'eus l'idée de remonter au nord pour traverser le Victoria-Nyanza et gagner le Nil, qui m'eût conduit à Gondokoro, mais sur cette route je devais trouver le Mahdi, homme fort brutal, si j'en juge par Gordon-Pacha, et je dus rayer le Victoria-Nyanza du nombre de mes chances d'évasion.

» Devant moi, sur la carte, apparaissait le Massaï à peine pointillé, à peine entrevu, entièrement inconnu, et je demandais à Roumaniza ce qu'il pensait de ce chemin : « As-tu cinq cents bons soldats avec toi ? alors tu peux tenter le voyage. » Je n'avais avec moi que mes deux Sénégalais !

» Il ne me restait donc plus que la route du sud ; le 21 juin, je quittais Oudjiji. Je gagnai rapidement Kavala, la petite île lacustre où j'avais déjà visité les missionnaires anglais. Le 1er juillet, j'étais à M'pala où je rencontrai l'évêque catholique du Tanganika en tournée épiscopale.

Fort malade des fièvres d'Oudjiji, je restai deux jours à la mission française, puis continuai ma route au sud. J'abordais à Rouemba, dans la baie Cameron, et, me sentant un peu mieux, je m'enfonçai dans le désert, où je retrouvai les traces de M. Giraud, l'enseigne de vaisseau qui, en 1882-83, fut si maltraité par Casembé.

Je voulais aller au lac Moéro, mais la maladie en décida autrement, et je dus m'aliter à Itaoua, où le sultan Abdallah ben Sleiman, un des lieutenants de Roumaniza, m'offrit l'hospitalité. Après neuf jours de souffrances, l'on organisa des porteurs et l'on me transporta sur les bords du Tanganika. Là je repris mes forces, et tout naturellement recommençai mes marches.

Village et factorerie de la côte de Loango.

Le 17 août, je quittais les Européens et arrivai le 19 à Fouambo, où je trouvai d'autres membres de la *London missionaries Society*. « Faites bien attention à vos hommes, me dit l'un d'eux, M. Jones, car tout le pays est en guerre contre les Arabes, et comme vos hommes ne parlent que le souahili, on les prendra certainement pour des Vouangouana. S'ils s'écartent de vous, il peut leur arriver malheur. » Le 20, la débandade commença, et dix hommes me lâchèrent. Le 21, j'étais seul avec M. Weissenburger et nos deux Sénégalais. Avec si peu de monde, je ne pouvais me hasarder à entreprendre la route du Nyassa.

Le 23 septembre, mon pauvre camarade disparaissait pour ne plus revenir! Le 30, ayant perdu tout espoir de le voir réapparaître (1), je me mis en route. Quinze jours plus tard, pour la première fois, je voyais les eaux du Nyassa, le premier grand lac découvert par le docteur Livingstone.

Je touchai successivement à Bandaoué, où je trouvais le docteur Laws, le premier pionnier de ces contrées ; puis à Likoma, où l'archidiacre de l'église d'Angleterre, M. Maples, me donna une hospitalité vraiment écossaise.

Le 30 octobre, (à l'aide des vapeurs des missions anglaises), j'étais à Livingstonia. Après 3 jours d'attente en vain d'un canot pour descendre le Chiré, nous résolûmes, malgré l'hostilité des Hiyaos, de faire la route à pied, et n'ayant pu nous procurer que quatre por-

---

(1) Ce compagnon de route, *Emile Weissenburger*, né à La Rochelle, jouissant d'une certaine aisance et amateur de voyages, s'était associé à la fortune du capitaine Trivier. Celui-ci ne s'explique pas comme ce malheureux jeune homme disparut; mais rentré à Paris, il reçut d'un missionnaire anglais, M. Wright, qui continua les recherches après son départ, l'avis que le cadavre d'Emile, la tête tranchée, avait été retrouvé dans un ruisseau non loin de la station anglaise, dans le village de Penza. Il périt sans doute assassiné par les sauvages, qui l'auront surpris dans une partie de chasse.

teurs, nous laissâmes à bord tout notre bagage, n'emportant avec nous que le strict nécessaire. Le 4 novembre, nous atteignîmes le village Nikololo, sur le lac Pamalambé ; le 5 au matin deux des porteurs se sauvèrent, le même soir, les deux autres profitant de la nuit, nous abandonnèrent également. Nous étions dans une contrée absolument inconnue, sans route tracée, et c'est à travers bois que nous gagnâmes le Chiré. La route se trouvant sur la rive droite, nous traversâmes le petit cours d'eau et abordâmes au village de Malemba, où le chef nous procura cinq porteurs qui détalèrent sans dire gare deux heures après notre départ. Après bien des misères et surtout de longues marches, j'arrivai à Matopé le 12, à sept heures du matin. C'est là que s'arrête la navigation du haut Chiré.

Le mardi, 19 novembre, je devais partir de grand matin pour gagner le village Nyamalindi, sur le Chiré, mais la pluie qui tombait dru retarda notre départ, et ce n'est qu'à 9 h. 30 que nous pûmes quitter l'hospitalière station écossaise.

Vingt-six milles séparent Mandola du Chiré ; mais, grâce à l'obligeance de M. Moir qui me prêta son cheval, je pus sans fatigue faire la moitié de la route. Malheureusement, une averse nous retarda quelques heures en chemin, et ce n'est qu'à une heure que nous arrivâmes à Ambamé, où nous quittâmes nos montures. De ce village jusqu'au Chiré, la route a été tracée et élargie par le travail des blancs. Les grandes montées et les rapides descentes des chemins africains ont été aplanies par mains d'hommes et, sans peine, nous arrivâmes à Nyamalindi où, prévenu de notre arrivée par un courrier spécial, le personnel blanc nous attendait les pieds sous la table.

Grand jour, ce *20 novembre !* C'est celui qui voit finir

mes longues marches, c'est celui qui termine cette première traversée française de l'Afrique. La station anglaise de Katunga, entourée de palissades, s'élève au bord même du Chiré et possède plusieurs constructions fort bien agencées... »

Nous abrègerons ce récit en disant que le 20 novembre M. Trivier quittait Katunga à bord du *Lady-Nyassa*, ce respectable bateau avec lequel Livingstone avait inauguré la route du Chiré pour atteindre le grand lac. Le 24, il fut témoin du conflit entre les indigènes Makololos et les Portugais, conflit qui se termina diplomatiquement en 1890 par accord entre les Portugais et les Anglais.

Le 27, il arrivait au Zambèze, d'où, quittant la voie du fleuve, il prit par terre pour achever sa route et arriver à Quilimane le 1er décembre, à Zanzibar un mois après.

Ainsi, l'intrépide capitaine avait accompli la *treizième traversée* de l'Afrique centrale. On comptait avant lui celles de Livingstone (1856), de Cameron (1875), de Stanley (1877), puis celles de Serpa Pinto, de Wissmann, de Gleerup, de Capello et Iwens, du docteur Lenz, du missionnaire Arnot, etc., et cette seconde traversée de Stanley, qui se terminait en même temps que celle de Trivier.

La traversée du capitaine fut la plus rapide de toutes, ce qui s'explique par cela même que, négligeant les recherches de l'inconnu, il suivit les routes fréquentées par les Européens.

CHAPITRE VIII.

GÉOGRAPHIE DU CONGO FRANÇAIS.

§ I. Géographie physique.

Le territoire. — Le Congo français est situé dans la partie ouest de l'Afrique centrale et équatoriale. En y comprenant le Gabon, il est borné au nord par le Rio-Campo, le 2° 30' de latitude jusqu'au 15° de longitude est, remonte ensuite vers le Soudan jusqu'au delà du 6ᵉ ou 7ᵉ degré de latitude; à l'est par le cours du Congo et de l'Oubanghi; au sud par le Tchiloango (5° latitude sud), et à l'ouest par le golfe de Guinée.

Sa forme générale est allongée du sud-ouest au nord-est; sa partie inférieure figure un hexagone irrégulier mais symétrique, dont le côté inférieur est plus étroit que le côté supérieur.

Politiquement, le Congo français confine au nord à la colonie allemande du Cameron et à la colonie espagnole de Corisco; à l'est et au sud, au territoire de l'Etat indépendant, et au sud-ouest, au territoire portugais de Kabinda.

La superficie, évaluée à plus de 800,000 km², est supérieure à celle de la France et peut s'accroître encore par le nord-est, dans l'espace libre réservé entre les limites allemandes et belges, vers les régions inconnues du Soudan central.

Il est bon de noter que le tiers de ce territoire à

l'est et au sud fait partie de la zone commerciale libre et neutre du Congo. Les bassins de l'Ogôoué, du Gabon et du Rio-Campo sont exceptés.

La partie nord de la côte est fortement échancrée. Trois presqu'îles terminées par les caps *Esteiras, Santa-Clara, Pongara* et *Lopez*, y déterminent trois enfoncements : la baie de Corisco, où se jette la rivière Mouni; l'estuaire du Gabon, au fond duquel affluent la Como et le Remboé, et la baie de *Nazareth*, où aboutit la branche principale de l'*Ogôoué*.

Du cap Lopez à l'embouchure du Congo, la côte, sensiblement droite, présente le caractère général de toutes celles du golfe de Guinée, c'est-à-dire une série de lagunes longitudinales, séparées de la mer par des langues de terre sablonneuses et des bancs de sable, qui en rendent l'accès difficile. La plus importante de ces lagunes est le lac *N'coni*.

A partir de l'étroite plaine littorale, le sol s'élève graduellement par des séries de collines étagées qui aboutissent à un plateau central de 600 à 800 mètres d'altitude moyenne, dans la partie connue, c'est-à-dire au plateau montagneux de Franceville. Les sommets ne paraissent pas dépasser 700 mètres dans le sud. Au nord du Gabon les *Monts-de-Cristal* ont 1,200 mètres, tandis que le *Cameron*, en territoire allemand, atteint 4,000 mètres.

Le plateau central couvre les trois quarts de la région, circonstance favorable à la salubrité; il s'abaisse à l'est vers les rives du Congo et de l'Oubangui, en formant une plaine, dont l'altitude est de 300 à 400 mètres.

La ligne de partage du versant direct du golfe de Guinée et du bassin fluvial du Congo traverse des régions montueuses, mais facilement accessibles. Elle se dirige de la pointe de Banana vers l'est jusqu'aux sources du Niadi, et de là au nord et au nord-est vers le Cameron ou le Soudan central.

Hydrographie. — Le Rio-Campo, le Mouni, le Gabon, l'Ogôoué, le Quillou-Niari et le Tchiloango, qui coulent vers l'ouest, et le Congo avec ses affluents à l'est, sont les fleuves principaux de la région.

Le *Rio-Campo* marque en partie la frontière franco-allemande.

Le *Mouni* se jette dans la baie de Corisco, mais son territoire est revendiqué par l'Espagne.

Le **Gabon** n'est pas un fleuve comme on l'avait cru, c'est un estuaire moins long, mais plus large et plus profond que la Gironde, et dont le bassin peu étendu est entouré de montagnes. La *Como* et le *Remboé* sont ses deux affluents.

Voici comment M. Marche décrit cet estuaire :

L'estuaire du Gabon. — « Lorsque l'on vient du large et qu'on entre dans la rade, on aperçoit sur la rive droite le mont Bouët, ainsi nommé en mémoire du fondateur de la colonie, l'amiral Bouët-Willaumez. Au pied de la hauteur, une maison en briques rouges tranche sur le fond de verdure sombre qui couvre le rivage ; c'est la mission catholique. Un peu plus loin, quelques cases de bois, puis deux maisons blanches carrées : c'est Libreville ou le Plateau, puis le siège du gouvernement et l'hôpital. Plus au fond, on peut distinguer dans le lointain, sur la plage, les demeures de Glass, où sont les principaux établissements de commerce anglais, allemands et américains ; puis, sur une éminence, la mission américaine et *Prince-Glass*, le village des noirs.

» Autour de la rade, d'énormes touffes de palétuviers trahissent la présence de terrains marécageux ; plus loin, croît une végétation abondante, que dominent d'immenses fromagers et de grands spatadées, connus sous le nom de tulipiers du Gabon, qui se couvrent deux fois par an d'une abondante moisson de fleurs orangées.

» Enfin, au dernier plan, l'île aux Perroquets et l'île Coniquet, qui surgissent de l'eau comme d'énormes bouquets de verdure, ferment le coup d'œil de la rade et cachent l'embouchure du Como et du Rhamboé. A l'horizon ondulent les premières lignes de montagnes du continent africain, dont les teintes, s'affaiblissant par degrés, se fondent et s'évanouissent dans le bleu intense du ciel.

» Tout cela donne à cette baie un aspect qui séduirait s'il était plus animé. Cette rade profonde et si belle manque de mouvement ; on n'y voit que le stationnaire de la division, un petit nombre de navires anglais ou américains, et plus rares encore, quelques navires français ou quelques goëlettes chargées de remonter le cours des rivières.

» Tel est notre établissement du Gabon, fondé pour servir d'appui à notre marine de guerre, et peut-être pour favoriser les essais d'un commerce qui a prospéré assez bien entre les mains des Anglais et des Américains, mais qui, entre les nôtres, est resté timide ou malheureux. Ce n'est pas la faute du gouvernement qui l'a créé, si le but militaire seul a été rempli, et si notre pavillon n'a eu à protéger que des intérêts étrangers. »

L'Ogôoué est un fleuve égal pour la longueur à la Loire, dont le cours imite les inflexions. Ses sources, encore peu connues, sont supposées dans le plateau de Franceville ; il coule au nord-ouest dans une contrée pittoresque et boisée, forme une courbe au sud de l'équateur, baigne les postes de Madiville, Boué, Lopez, Lambaréné ; il communique au sud avec le lac Jonanga et va finir à l'ouest en formant un vaste delta terminé par le cap Lopez; il envoie son effluent principal, le *Nazareth*, dans la baie de même nom, et au sud un autre bras nommé le *Fernan-Waz*. Il reçoit dans sa courbe septentrionale un affluent, l'*Ivindo*, qui vient du Cameron allemand et pourrait bien être le cours supérieur même de l'Ogôoué.

Le *Rembo Ivindo* « rivière noire » reconnue par M. Marche à son confluent, a été vu récemment dans son cours supérieur par Paul Crampel, dont nous avons parlé.

Le *Rembo* « la rivière » et le *Setté* sont deux rivières qui se terminent dans la grande lagune de N'comi.

Le *Kouilou*, appelé aussi *Quillou* ou *Niari*, est un fleuve assez considérable reconnu d'abord par M. de Brazza (1880) et dont les sources sont peu éloignées de la rive nord du Congo, avec lequel on a espéré le mettre en communication par un canal. Son cours décrit les mêmes inflexions que l'Ogôoué et le Congo. Il traverse un plateau fertile et de belles vallées où l'Association internationale avait établi des comptoirs florissants repris par la France. Il va finir dans la baie de Loango.

Le *Tchiloango* ou *Tchi* forme la limite sud du territoire français. Sa rive gauche appartient à l'Etat libre, sauf près de son embouchure où il traverse la petite province de Cabinda, laissée au Portugal dont le roi porte, entre autres titres héraldiques, ceux de « roi de Cabinda », de « seigneur de Guinée » et « d'empereur d'Afrique ».

Le **Congo**, ce fleuve gigantesque que nous avons décrit au chapitre VI, n'est français que par sa rive droite depuis le confluent de l'Oubangi, un peu au sud de l'équateur, jusqu'au poste de Manyanga Nord sous le 5° de latitude sud. C'est une magnifique section de plus de 700 kilomètres, la longueur de la Seine.

De plus, c'est une importante voie navigable. Sa rive française est basse, marécageuse, coupée d'îles et de deltas entre l'Oubanghi et l'Alima ; plus élevée, rocheuse et boisée du Léfini au Stanley-Pool.

Ses affluents sur cette rive droite sont : l'Oubanghi, la Sangha, la Licuala, la Mossaka, l'Alima, le Léfini et le Djoué (Gordon Bennett de Stanley).

L'*Oubanghi*, depuis les chutes de Zongo (4° lat. Nord) a plus de 600 kilomètres de parcours et reçoit par sa rive française le Lobay et l'Ibanga.

Il a été remonté par MM. Rouvier, Dolisie, Jacques de Brazza, en même temps que par les agents belges. Les Pères du Saint-Esprit ont formé en 1889, une mission à Saint-Louis de l'Oubanghi, en face du confluent de cette grande rivière avec le Congo ; ils en projettent une seconde plus au nord aux chutes mêmes du Zongo.

La *Sangha* est un fleuve important et navigable venant directement du Soudan central avec lequel il établit une excellente voie de communication : elle a été remontée jusqu'au 2e degré de latitude nord par M. Cholet en 1890, et par MM. Fourneau et Gaillard en 1891. Ce dernier est parvenu jusqu'au 4° de latitude, ce qui donne à cette rivière plus de 700 kilomètres de longueur connue.

La *Licuala*, qui vient du nord-ouest a été parcourue par Jacques de Brazza, naturaliste italien, frère du gouverneur-général, dans les circonstances suivantes.

Parti le 10 juillet 1885 de Madiville, station du Haut-Ogôoué, *Jacques de Brazza* recoupa vers le N.-E. les sources de la Licona, signalée par son frère en 1878 ; puis il remonta la vallée supérieure de l'Ivindo. Le 19 septembre, il parvenait au village de Ilocou, situé par 2°40' de lat. N., au delà de la limite allemande, dans une région populeuse dont les tribus hostiles le forcèrent à rebrousser chemin. Embarqué sur une rivière inconnue, il la descendit vers le sud, et aperçut plus bas l'embouchure d'un affluent venant de l'ouest, et qu'il croit être la Licona elle-même. En débouchant dans le Congo, un peu au S. de l'Alima, il reconnut que la rivière qu'il venait de parcourir était

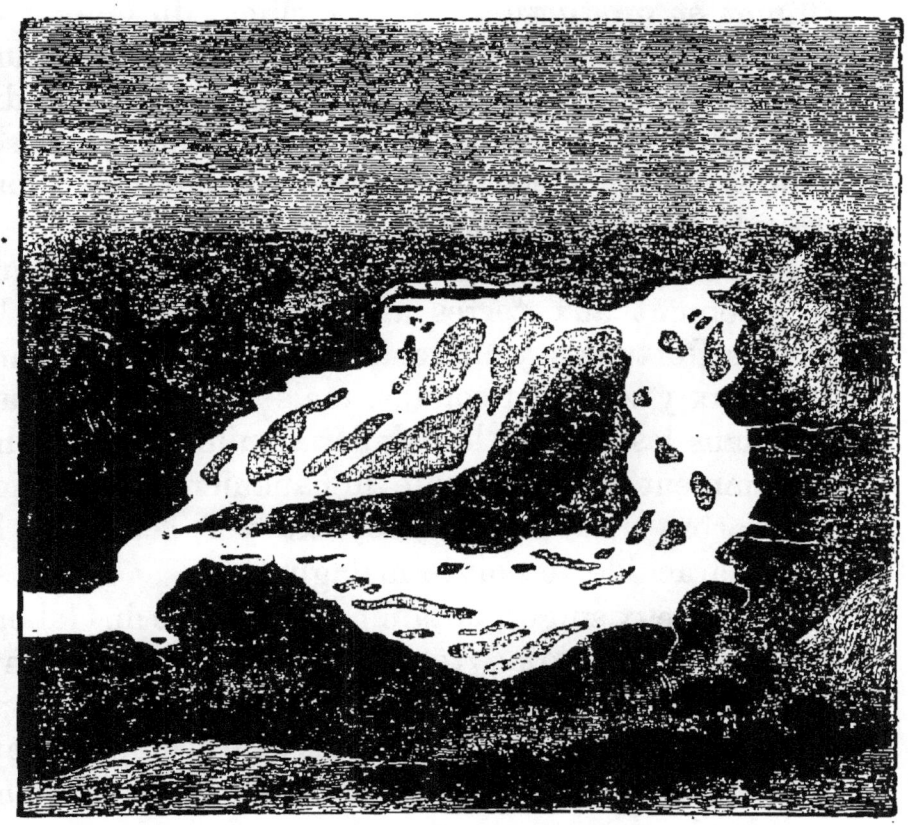

Le Stanley-Pool. Sur la rive nord se trouve Brazzaville.

la *Licuala*, qui avait été en partie remontée l'année précédente par l'Italien Massari.

Quelque temps après cette exploration, Jacques de Brazza, de retour à Rome, y mourut malheureusement des suites des fatigues et de la fièvre contractée en Afrique.

L'*Alima*, que M. P. de Brazza découvrit en 1878

et que M. Ballay descendit en canot deux ans après, vient du plateau de Franceville. Elle arrose les postes de Diélé, Lékéti et Bonga, et se jette dans le Congo au-dessus de Bolobo. Facilement navigable, semble-t-il, elle pourrait au moyen d'un canal se relier avec le haut Ogôoué, qui malheureusement est très torrentueux.

Climat et productions. — Le climat du Gabon et du Congo en général est torride, fiévreux, débilitant. sinon mortel pour les Européens, qui ont à prendre de grandes précautions hygiéniques pour y passer quelques années. Cependant des missionnaires y ont fait jusqu'à dix et vingt années de séjour.

Les productions naturelles sont toutes celles que l'on reconnaît aux terres africaines. Déjà au XIVe siècle les Portugais y cherchaient de l'or ; cependant les métaux y sont peu connus, mais les végétaux pullulent dans les forêts ; le palmier à huile se multiplie abondamment, de même que le bananier, le gommier copal, l'arbre à caoutchouc, le cacaoyer, l'ébénier, le sandal, l'arachide, le poivre malaguette.

De nombreux singes, notamment le gorille du Gabon, le chimpanzé, le troglodyte, avec le léopard, l'éléphant, l'hippopotame, le gavial, le boa python, sont les grandes espèces sauvages. Les fourmis géantes, les termites, les moustiques, les mouches venimeuses ne sont pas moins incommodes.

§ II. GÉOGRAPHIE POLITIQUE.

Ethnographie. — La population européenne du Gabon proprement dit ne dépasse guère 400 individus, Français pour la moitié ; les autres, Américains, Anglais, Allemands et Portugais ; les uns missionnaires, les autres commerçants. Autour d'eux gravitent 200 000 noirs; tels sont particulièrement les *Gabonais* ou M'Pongués, formant la race primitive qui s'éteint; les *Bakalais*, chasseurs et trafiquants, et les *Pahouins* ou *Fans*, race conquérante du nord que l'on suppose la dernière venue.

Mais les récentes annexions ont beaucoup augmenté le nombre des noirs soumis à la France; car, en supposant seulement une densité de cinq habitants par kilomètre carré, on arrive à plus de 3 000 000 d'indigènes, qui subissent déjà notre influence par les relations commerciales, en attendant de participer à notre civilisation et à nos habitudes administratives. Ce sont particulièrement les *Adoumas*, de l'Ogôoué supérieur; les *Batékés*, de l'Alima et du Congo, et plus au nord, les *Apfourous*, les *Oubangi*, et autres peuplades nombreuses dont les noms varient fréquemment dans les écrits des voyageurs.

Comme partout, les noirs gabonais et congolais sont ignorants, superstitieux, fétichistes ou idolâtres; cependant quelques-uns sont mahométans, ou convertis au christianisme par les missionnaires catholiques et protestants.

Chaque village, ou groupe de villages, se gouverne par un chef, soit héréditaire, soit électif; mais le plus souvent, c'est le plus riche ou le plus influent qui s'impose et prend le titre de roi.

Les coutumes barbares, la polygamie, l'esclavage, même l'anthropophagie existent parmi eux. Le travail est réservé aux femmes ainsi qu'aux esclaves faits prisonniers à la guerre. Se nourrissant de légumes, de fruits, de volailles, vêtus à peine d'un pagne en cotonnade ou de quelque tissu grossier, parfois d'herbes sèches, mal logés dans des cases en bambou, ces pauvres noirs abusent d'une vie rendue trop facile, par la fainéantise qui conduit à tous les vices.

Le docteur Hamy a consacré plusieurs leçons de son cours, au Muséum d'histoire naturelle à l'ethnologie de l'Ogôoué et du Congo inférieur. Il subdivise les populations de notre nouvelle colonie de la manière suivante :

Un premier groupe rattaché intimement aux négrilles ou pygmées de l'Afrique équatoriale, dont les Akkas de Miani et de Schweinfurth sont la tribu la plus importante, comprend les *Okoas* de l'estuaire de l'Ogôoué, décrits par Touchard et Fleuriot, qui correspondent aux Matimbas découverts jadis par Battel ; les Babonkos (Bakés ou Minos de Drapper) étudiés par les membres de l'expédition allemande du Loango ; les Bongos, enfin, disséminés en petits groupes chez les autres nègres, etc., du littoral de l'Ogôoué. Ces agglomérations peu considérables de Nègres de fort petite taille ne doivent le maintien de leur indépendance relative qu'aux services rendus journellement aux tribus, bien plus fortes à tous égards, dans la clientèle desquelles elles vivent.

Les pygmées ou négrilles de l'Ouest-Africain, de même que les *Akkas*, très peu nombreux du reste, se distinguent de tous leurs voisins par l'exiguïté de leur taille, la grosseur relative de leur tête et le raccourcissement de ses diamètres antépostérieurs, le peu de prognathisme de la face, modérément dilatée et armée de mâchoires robustes. Ces petits noirs sont restés les nains agiles qui chassaient au XVIe siècle, avec leurs arcs et leurs flèches empoisonnées, les éléphants et les pongos dans les forêts du Mani-Kesoch.

Dans un second groupe viennent prendre place les vrais nègres de la région, rattachés tous plus ou moins étroitement à la grande famille *Bantou*, famille essentiellement linguistique et qui embrasse, comme on sait, au pays hottentot près, l'Afrique centrale toute entière au Sud de l'équateur.

L'ensemble de ces races juxtaposées, sous ce nom commun de *Bantous*, comprend, dans les territoires de notre Ouest-Africain, plusieurs subdivisions assez nettes. La plus septentrionale, qui emprunte son nom de Bengo au peuple de l'île de Corisco et des terres voisines, réunit, en un groupe assez homogène, les Okotas, les Yalimbogos, les Apingis, les Okandas, les Osyebas, les Adoumas et les Shébés, c'est-à-dire l'ensemble des tribus échelonnées sur les rives de l'Ogôoué, tout le long de la grande courbe de ce fleuve.

Une deuxième subdivision, celle des Pongoués de l'estuaire du Gabon, comprend les Oroungous du cap Lopez, les Camas de l'estuaire du Fernand-Vaz et du littoral au sud de cet estuaire, jusque vers la rivière Setté ; les Toungonjoutis, les Adjoumbas, les Galoas et les Inengas, et d'une manière générale, tous les nègres du Bas-Ogôoué et des lacs qui s'y déversent. Pongoués et Bengos sont de véritables nègres et en offrent toutes les caractéristiques habituelles. Les premiers ne diffèrent des seconds, au point de vue physique, que par un certain degré de beauté relative qui a acquis aux Gabonaises, en particulier, une réputation exceptionnelle sur tout le littoral.

Mais quand on aborde l'examen du troisième groupe des Bantous de l'Ouest, les caractères généraux se modifient si profondément que l'on est tenté de les classer avec les Congos proprement dits qui, tout en restant à une bonne distance des blancs, n'en possèdent pas moins un caractère de physionomie nègre. Ce groupe commence sur la côte, au Sud de la rivière Setté ; les Mayoumbas offrent tous les traits des Settés, et les Dibeiar aussi bien que les Ivilir, les reproduisent encore. On est trop mal renseigné sur les populations de l'intérieur de ce grand territoire pour fixer les limites orientales de ce groupe ainsi déterminées, avec une certaine précision, dans la direction du Nord.

Les peuples noirs des sources de l'Ogôoué ou des bords du Congo, tels que les Batékés, n'ont été étudiés que dans leurs manifestations ethnographiques et, en l'absence de toute description physique, il serait téméraire de leur assigner une place quelconque dans l'un des trois groupes énumérés. On sait seulement qu'au point de vue de la langue, ils se rangent parmi les Bantous.

Le troisième grand groupe à distinguer nettement, dans l'Ouest-Africain, est celui que composent toutes ces tribus d'immigration récente, descendues du N.-E. et qui ont pénétré sous le nom de *Pahouins* jusqu'à l'estuaire du Gabon. Dans le bassin de l'Ogôoué, on en remarque deux subdivisions, les Bakalais, plus anciennement arrivés et qui se sont répandus jusqu'aux sources de la Setté ; les Osyébas, venus beaucoup plus tard, et qui, après avoir chassé à peu près tous les nègres qui vivaient au nord de l'Ogôoué, se sont arrêtés devant le cours du fleuve, sans pouvoir le franchir. Derrière ces Osyébas, d'autres envahisseurs encore relient ces avant-gardes, à travers le continent, aux Mombouttous qui font manifestement partie du même groupe ethnique.

Tous ces nègres de l'intérieur ont en commun une dolichocéphalie accentuée (tête allongée), un prognathisme (mâchoire avancée) des plus remarquables, une coloration acajou, bien différente de tons noirs grisâtres des Nègres de la côte.

Administration et stations. — L'administration du Gabon-Congo est dévolue en ce moment (1890) à M. P. de Brazza, gouverneur-général ; un vaisseau de l'État est à sa disposition, ainsi qu'une douzaine de petites chaloupes canonnières qui remontent les rivières pour protéger le commerce.

Parmi ses collaborateurs, il convient de citer MM. Ballay et Mizon, deux de ses premiers compagnons; Dufourcq, chargé de la direction de la zone maritime; de Lastours, mort dans le Haut Ogôoué, à Lastourville qui lui doit son nom; Decazes, sur l'Alima; de Chavannes, qui organisa la station de Brazzaville; Marno, au poste de Loango; Dolisie, employé au Congo central et sur le Niadi; Jacques de Brazza, qui découvrit le Licuala; Dutreuil de Rhins, qui releva une partie des bassins occidentaux. Citons aussi MM. de Kéraoul, Labeyrie, Thollon, Roche, Didelot, Michaud, qui furent chargés de divers emplois.

Le chef-lieu du Gabon est *Libreville* ou le Plateau, appelé aussi Baraka, assis sur un plateau au nord de l'estuaire du Gabon; il compte 200 Européens et un millier de noirs. On a vu plus haut la description qu'en a faite M. Marche. Libreville possède les Sœurs de l'Immaculée-Conception, et les Pères du St Esprit; ceux-ci sont également établis à Ste Marie du Gabon, à St Joseph de Benga, et à St Paul de Donghila, sur la rive nord de l'estuaire.

Les principales factoreries françaises sont établies:

1° Sur la Como, au cap Lopez, sur l'Ogôoué et ses bouches;

2° Sur la côte sud-ouest, comptoirs de Sette-Cama, Nyanga, Mayomba, Loango et Punta-Negra ou la Pointe-Noire;

3° Dans le fertile bassin du Kouilou-Niari, l'Association africaine nous a cédé les postes de Rudolfstadt, Baudouinville, Stephanieville et Philippeville, dont les noms, changés depuis, rappelaient ceux des princes de la famille royale belge;

4° *Franceville*, *Alima*, sur le plateau central, et *Brazzaville* sur le Stanley-Pool, sont les principales stations françaises actuelles. Brazzaville est considéré comme le chef-lieu du Congo français.

Voici, d'après les *Notices coloniales* officielles, une description sommaire des établissements fondés par M. de Brazza ; elle donnera une idée plus complète de l'œuvre accomplie jusqu'à ce jour dans cette colonie naissante.

1° Vallée de l'Ogôoué. — *Cap Lopez*. La station de l'île Mandji ou du cap Lopez est gardée par 40 hommes environ, dont 4 Laptots et 30 Kroumens. C'est un des postes les mieux établis. On y voit une maison d'habitation dont les proportions sont assez vastes et plusieurs autres cases, des magasins qui peuvent abriter 3,000 tonnes de marchandises, une poudrière, un observatoire météorologique, un sanitorium, un jardin d'essais, des cases pour les Kroumens, etc.

Lambaréné. Magasin dont le chef a sous ses ordres trois ou quatre Laptots et autant de Kroumens. Etablissement des Pères du St Esprit.

Njolé. La station des îles Njolé marque, sur l'Ogôoué, la limite entre le territoire du Gabon et celui de nos possessions du Congo. Les bateaux à vapeur ne calant pas plus de 90 centimètres remontent facilement jusqu'à Njolé. Situation excellente au point de vue stratégique et commercial. Maison d'habitation suffisante. Développements à prévoir.

Apingi. Postes de secours près des rapides de ce nom.

Achouka. La position est bien choisie sur la riche gauche de l'Ogôoué, chez les Okandas.

Booué, sur la rive droite du fleuve. Le point est situé à mi-chemin de la mer à Franceville, au milieu de Pahouins intelligents, chasseurs et commerçants, qui savaient autrefois tirer parti de leur situation pour piller les traitants et arrêter à volonté le commerce du fleuve. Le traînage des pirogues et le trans-

Type des habitations des stations du Congo.

port des marchandises par terre pour franchir les chutes s'accomplissaient littéralement sous le canon de leurs fusils. Le poste commande les chutes et protège les passes.

Boundji. Poste de secours près des chutes.

Lastourville (Madiville). Sur la rive gauche de l'Ogôoué, dans le pays des Adoumas. Le nom de « Madiville » signifie « village de l'huile de palme », à cause des nombreux palmiers. Case d'habitation et magasins installés sur un emplacement très vaste qui a été défriché en très peu de temps. Les indigènes voisins sont doux et tranquilles. Ils vivent en bonne intelligence avec les gens du poste. Le pays est sain.

Doumé, au pays des Adoumas. Poste de secours et mission catholique des Pères du St Esprit, dont nous parlerons en détail au chapitre X.

Franceville. Station située sur une colline très élevée. Malgré son altitude, ce séjour est assez malsain à cause des marécages qui l'avoisinent. La station se compose d'un corps de bâtiment principal comprenant une salle à manger, un magasin et une chambre à coucher très confortable ; d'un vaste dépôt d'approvisionnements ; d'un hangar pour les ouvriers ; enfin d'un long corps de bâtiment servant à loger les matelots et autres hommes du poste. C'est de Franceville que les Batékés transportent à dos d'homme les marchandises pour les amener au poste d'Alima-Diélé. On compte six journées de marche, et un homme ne peut guère porter plus de quinze kilogrammes.

2° Vallée de l'Alima. — *Alima-Diélé.* La station possède une case d'habitation et des magasins.

Ngampo. Poste sur la rivière de ce nom, affluent de l'Alima.

Alima-Leketi. Habitations, hangars, magasins, ateliers, etc., qui font de cette station notre premier port dans le bassin du Congo.

Mbochi. A l'embouchure de l'Alima. On sait que les postes de l'Alima sont le centre des approvisionnements en manioc des tribus riveraines du Congo.

Bonga, dans le delta de la Sangha.

Lirranga. Ce dernier poste de création toute récente, est situé au confluent de l'Oubanghi. Les Pères du St Esprit y possèdent l'établissement de St Louis de l'Oubanghi.

3° Sur le Congo. — *Nkémé*, en face de Bolobo, station belge.

Nganchouno. Port de Makoko, en face de Msouata.

Makoko ou mieux *Mbé*, sur le plateau. — Résidence du roi Makoko.

Ces deux établissements jalonnent la route qui relie le Haut-Ogôoué au moyen Congo.

Brazzaville ou *Mfoua*. Station achevée par M. de Chavannes; rendra de grands services, grâce à sa position géographique. C'est la clef du Congo. Elle se compose d'une vingtaine d'habitations entourées de jardins. Mission des Pères du St Esprit, établis également à St Joseph de *Linzolo*, localité située au S.-O.

4° Sur le Niari-Quillou. — *Niari-Babouendé* ou *Philippeville*. Ce poste possède des cases d'habitation et des magasins.

Niari-Loudima (Stephanieville). Station importante au confluent des deux cours d'eau.

Ngotou (Baudouinville). Ce poste sur le *Niari-Quillou* est très bien choisi comme position militaire; on l'a installé au lieu dit « portes de Ngotou », où la rivière est étranglée entre deux hautes murailles de basalte. Le poste, construit sur la falaise, commande absolument le passage.

5° Sur la Côte. — *Bas-Quillou* (Rudolfstadt), à l'embouchure du Niari, magasins et habitations des serviteurs.

Loango, ancienne position portugaise jadis florissante.

Pointe-Noire, ou Punta-Negra, occupée en 1881, après un combat sanglant avec les indigènes.

Tous ces **postes** sont établis aux termes de traités passés avec les chefs indigènes. Ceux-ci, d'après les conventions stipulées, conservent l'entière propriété de leurs terres ; ils peuvent les louer ou les vendre et percevoir des redevances sous la forme et dans les conditions consacrées par les usages du pays. Mais le territoire reste sous la suzeraineté de la France. La liberté de commerce est reconnue et les chefs se sont engagés à user de leur autorité pour prohiber, dans les terres soumises à leur juridiction, la traite des esclaves.

Le commerce — Le commerce du Gabon s'est élevé en 1888 à 15 millions de francs. Il se fait malheureusement beaucoup moins par navires français que par navires anglais, allemands et portugais.

L'exportation consiste surtout en caoutchouc (pour 2 millions), ivoire, ébène, bois rouge, huile de palme, arachide, et l'importation, en cotonnades appelées guinées, poudre et fusils, eaux-de-vie, mercerie, sel, etc.

L'importance du commerce sur le Congo ne peut encore être évaluée pour la partie française. Mais dans l'État libre, il s'élève déjà à plus de 20 millions, ce qui fait présager pour l'avenir de notre colonie une situation des plus florissantes.

Des services réguliers de paquebots français et étrangers relient les ports de Libreville, Banana et Boma avec Bordeaux, le Havre, Liverpool, Anvers et Hambourg ; ils desservent les postes français en même temps que ceux de l'État libre.

Déjà une flottille de vapeurs promènent le drapeau tricolore sur le haut fleuve, concurremment avec le drapeau bleu étoilé du Roi-Souverain Léopold II.

en fer, jusqu'à ce qu'il ait pris la forme qu'il voulait lui donner.

Objets fabriqués. — Ainsi faisant, le nègre fabrique des fers de lances qui ont parfois 60 centimètres de longueur sur 20 dans leur plus grande largeur, avec une rainure médiane tout à fait correcte ; des bracelets, parfois énormes, dont la circonférence est toujours très exacte ; des épingles à cheveux, de toutes formes, souvent fort délicates, jusqu'à représenter des feuilles d'arbres parfaites avec toutes leurs nervures ; des pointes de flèches acérées, à quatre et six crocs recourbés ; des hameçons délicats, des hachettes solides, des houes à extrémité en pointe, qui s'enserrent dans des manches de bois ; des enclumes, des pinces et des marteaux ; des rasoirs *sui generis*, bien affilés, de petites lames de couteaux, des haches de formes diverses, les grands couteaux d'exécution et de parade, d'aspect fantastique et étrange, qui témoignent autant de l'imagination du noir que de son industrie, et cent autres objets, répandus par milliers dans toutes les tribus africaines, mines vivantes, qui marchent et qui parlent, et dont le témoignage prophétique révèle les richesses accumulées dans les entrailles souterraines, dernier mystère du Continent.

Flore congolaise. — Plus encore que le règne animal, le règne végétal a l'un de ses grands domaines naturels sous le ciel tropical et pluvieux du Congo. Presque tous les genres connus ont leurs représentants, tant dans les forêts vierges aux arbres géants et aux fourrés inextricables, que dans les prairies immenses où les graminées atteignent souvent trois mètres de hauteur.

Nous allons cependant noter méthodiquement ici les espèces les plus usuelles, exploitées, parfois cultivées par les indigènes qui en retirent leur nourriture et mille services divers.

On distingue industriellement les plantes *alimentaires* : manioc, patate douce, igname, café, canne à sucre, figuier ; les plantes *oléagineuses* : palmier élaïs, arachide, sésame, ricin ; les plantes *textiles* : cotonnier, baobab ; les plantes *tinctoriales* : indigotier, orseille, poudre de Camwood ; des plantes à usages divers : tabac, caoutchouc, copal ; en outre des fruits excellents, tels que l'orange, la banane, la figue, la goyave, la pêche, l'ananas.

Le **bananier**, *musa paradisiaca*, n'est pas un arbre, mais une plante herbacée de taille gigantesque, qui appartient au genre des monocotylédones et à la famille des musacées. « Je ne puis rendre, dit le P. Merlon, le sentiment suave de repos et de fraîcheur que m'a toujours inspiré l'aspect des hauts bananiers, auprès desquels nous nous arrêtions chaque soir à l'étape. Mes porteurs, en l'apercevant, reprenaient courage et confiance, sachant bien que là où il croît, ils trouveront toujours et de l'eau et des vivres. Cet aimable végétal a quinze pieds environ ; il se compose d'une tige simple, ronde et droite, vert jaunâtre, fort lisse, terminée au sommet par un épanouissement de grandes feuilles ovales, longues de six pieds sur dix-huit à vingt pouces de large. Un épi de fleurs de quatre pieds et plus de haut s'élève du centre des feuilles, huit à neuf mois après la naissance du végétal. Aux fleurs succèdent bientôt des fruits de la longueur de huit pouces sur un de diamètre, fruits délicieux qui se remplissent d'une chair parfumée à mesure qu'ils avancent vers leur mâturité. Ces fruits, longs, d'un jaune d'or, et pressés en grappe énorme, pendent peu à peu vers le sol en même temps qu'une grande fleur terminale empourprée. »

Le bananier, dont les fruits (bananes) forment la base de la nourriture des nègres.

Faune congolaise. — Région tropicale, le Congo est, comme les Indes, le foyer de la vie animale, et les plus grandes espèces s'y rencontrent en troupeaux nombreux.

L'énumération serait longue, si on voulait suivre la classification zoologique habituelle. Contentons-nous de citer d'abord plusieurs espèces de quadrumanes, tels que le *gorille*, qui a fait autrefois la réputation du Gabon ; le *chimpanzé* ou *soko*, d'autres singes qui sont plus ou moins comestibles pour les nègres. Puis d'énormes *chauves-souris*, que les indigènes prennent aux lacets et dont ils sont très friands.

Parmi les carnassiers, le *lion* ou n'kossi, signalé sur le Kassaï, le *léopard*, le *chat* sauvage, le *chien*, d'espèce petite, qu'on élève en basse-cour pour la cuisine. Parmi les pachydermes, l'*éléphant*, le colosse du règne animal, que l'on trouve par bandes de 20 et 40 individus, et qui fournit l'ivoire, l'un des articles les plus importants du commerce africain ; l'*hippopotame*, qui pullule dans les rivières, le *sanglier* sauvage, le *porc*, élevé en domesticité.

Les ruminants sont également très nombreux, notamment le *buffle* ou bœuf sauvage, dont la chasse est dangereuse ; la *chèvre*, parfois le *mouton*, indigènes, le *bœuf* et la *vache* domestiques, importés récemment dans les stations européennes, et beaucoup d'espèces d'*antilopes*.

N'oublions pas le *rat* qui se vend tout cuit par brochettes de dix sur les marchés.

Parmi les oiseaux, l'*aigle*, le *vautour* sont communs. L'épervier est un oiseau fétiche ; il est *n'kissi* pour les indigènes. Le *pigeon*, la *perdrix rouge* et la *pintade*, les *oies*, les *canards* sauvages pullulent, et on les chasse activement. La *poule* domestique est la grande provision culinaire chez tous les sauvages.

« Parmi les oiseaux d'agrément, dont les variétés se présentent à l'infini, on compte la tourterelle, la veuve à quatre brins, l'amaranthe, le touracco, le folistocole, le bengali, l'oiseau-mouche, l'oiseau-cardinal et le perroquet gris à queue rouge, avec une espèce toute rose

Le soko, ou chimpanzé.

au Kassaï. Les noirs font des perroquets gris un commerce considérable à la côte. Ils s'en emparent d'ordinaire dans les forêts, où ils abondent, en les capturant aux nids, peu après leur naissance. Les oiseaux, il est vrai, sont dépourvus de chant au Congo, de même que la terre qui les nourrit est dépourvue de fleurs. Mais la nature les a vêtus de robes si éclatantes, le bengali bleu, le touracco de pourpre, l'oiseau-mouche enduveté, l'amaranthe, le colibri, l'oiseau-cardinal, le martin-pêcheur blanc ou rose, mêlés aux papillons infatigables, sillonnent en si grand nombre de tous leurs plumages prismatiques les tons multiples de la verdure, dans les forêts, ou sur les rives, qu'il semble, à certaines heures, que dans ce pays de la vie, les oiseaux sont des fleurs qui volent. » (P. MERLON.)

Comme *reptiles*, le crocodile partage avec l'hippopotame le domaine des eaux, mais il est beaucoup plus redoutable pour les riverains, qui toutefois trouvent leur chair comestible. Le boa et beaucoup de serpents remplissent les forêts.

Les *poissons* sont partout abondants et les indigènes les pêchent avec une adresse admirable, et de vingt manières : à la ligne, au filet, à la nasse, à la flèche ou simplement à la lance en guise de harpon.

Les *insectes* sont connus surtout par leurs espèces malfaisantes, qui souvent sont de véritables plaies d'Egypte, notamment les *fourmis* qu'on trouve partout par myriades, dévastant les provisions et les plantations, détruisant même les constructions en bois, construisant d'énormes fourmilières en terre glaise, élevées parfois de 5 à 6 mètres, et tellement solides qu'on a pu, à Léopoldville, bâtir un observatoire sur l'une d'elles.

Les *moustiques* sont également innombrables et souverainement incommodes. La *puce pénétrante* est un animalcule dangereux pour les pieds nus des indigènes, qui toutefois savent les expulser avec adresse.

Les *abeilles* produisent une cire très recherchée et un miel excellent, mais trop délaissé des nègres qui, par contre, sont très friands de plusieurs espèces de *chenilles*, aussi bien que de fourmis et autres insectes.

CHAPITRE IX.

MŒURS ET COUTUMES DES CONGOLAIS.

§ I. DE LA RACE NÈGRE EN GÉNÉRAL.

Bien que l'ethnographie ou l'étude des peuples Congolais ait été traitée incidemment plus d'une fois dans les chapitres précédents, nous allons cependant y revenir pour faire connaître et apprécier davantage ces pauvres sauvages dont les mœurs et coutumes rappellent, en bien des points, ceux de nos ancêtres germains ou gaulois.

Grands enfants gâtés, la nature tropicale si riche semble avoir trop fait pour eux ; en leur accordant une existence trop facile, elle les a exposés plus que d'autres aux pratiques vicieuses, aux misères morales et à la dégradation dont il est de notre devoir de les tirer.

Avouons que ces intéressants indigènes ne sont que des sauvages ; qu'ils vivent de peu, ne s'habillent guère, logent dans des huttes ou chaumières ; que leurs besoins, en un mot, sont très restreints et leurs industries bien primitives. Toutefois le contact des Européens modifiera cet état de choses. Les échanges de produits du pays contre les cotonnades, les ustensiles, les colifichets européens amèneront les indigènes à des mœurs moins simples, et leur coquetterie tout d'abord y trouvera son compte, car ces pauvres natifs ne sont généralement que de grands enfants, quand ils ne sont pas de féroces cannibales, abrutis par les passions, ou plutôt des malheureux démoralisés par la traite de chair humaine.

Allons plus loin. Les nègres du Congo ne sont-ils pas devenus les frères d'adoption des Européens qui, en s'emparant de leurs territoires, se sont préposés pour les gouverner ?

N'est-il pas convenu de considérer un gouvernement, un souverain, un maître quelconque comme le père de ses peuples ou de ses sujets.

Soyons plus généreux, je dirai même plus chrétiens. Pourquoi refuserions-nous la fraternité des Congolais ? Nous sommes blancs et ils sont noirs, objecterez-vous. Oui, mais ce n'est là qu'une question de couleur, qu'on ne doit pas discuter, dit le proverbe. Qui vous dit que les noirs ne se croient pas plus beaux que nous, « visages pâles » ! Et comment pourrions-nous les convaincre du contraire ?....

Ils sont sauvages, c'est vrai, mais ni plus ni moins que ne l'étaient nos ancêtres il y a deux mille ans. Et qui nous dit que dans deux mille ans, les Africains ne nous auront pas gagnés, dépassés en civilisation ?....

Ils sont païens, superstitieux, cruels, anthropophages ! Qu'étions-nous jadis, avant l'influence du christianisme ? Les Romains traitaient nos pères de Barbares ; soyons plus charitables, de peur qu'un jour les Congolais ne nous appliquent la même épithète, et tâchons de les attirer doucement à nous comme des amis malheureux, des frères cadets, des enfants prodigues qu'il faut réintégrer dans la grande famille dont nous sommes les aînés.

Rapportons ici l'opinion que se sont faite de la race noire, trois des hommes qui, avec les missionnaires catholiques, l'ont le mieux connue et le plus étudiée dans son pays même : Stanley, Speke et Livingstone.

La barbarie nègre. — H. Stanley nous expose en quelques lignes pourquoi et comment les pauvres Congolais sont restés sauvages jusqu'ici.

« La civilisation, constamment rebutée, reste stationnaire en présence de la barbarie, qui oppose une barrière jusqu'ici impénétrable au progrès. On feint d'oublier comment l'Angleterre, la Gaule, la Belgique, de sauvages qu'elles étaient, sont devenues policées ; et aujourd'hui que, dans le cœur de l'Afrique, des

Femmes nègres des factoreries du bas Congo et du Gabon.

millions d'hommes demeurent encore sans culture morale ou intellectuelle, on s'écrie étourdiment que les indigènes sont incapables de s'assimiler nos enseignements. Comment les Africains, enfermés dans une région apparemment inaccessible auraient-ils pu se perfectionner? Aucun peuple connu dans l'histoire n'est sorti seul, et sans assistance extérieure, de son état de barbarie primitive. L'Europe moderne s'est constituée avec les éléments les plus disparates, Celtes,

Huns, Goths, Vandales, Grecs, Romains, Francs, Saxons, Normands, Sarrasins, Turcs, dont les rapports constants, dont les longues rivalités même ont servi de base à l'organisation moderne de notre société. Si quelques-unes des races qui ont envahi l'Afrique septentrionale avaient pu s'épancher par delà l'Equateur, les aborigènes de la région méridionale ne seraient nullement aujourd'hui les êtres sauvages que nous rencontrons. Mais jusqu'à la seconde moitié du XIXe siècle, on ne soupçonnait même pas la nature du pays situé de l'autre côté des rapides d'Issanghila ; on ignorait combien est faible en réalité la barrière placée entre la civilisation et la grande voie naturelle qui partage en deux zones égales la vaste région vierge de l'intérieur; on ne se doutait pas que la nature y eût formé cent autres artères navigables et faciles à utiliser pour l'exploitation des régions les plus distantes. Comme membre de la grande communauté humaine, je me réjouis de ce qu'un territoire aussi étendu, d'une aussi grande valeur économique, soit encore à la disposition des générations futures. »

Opinion de Speke. — « On ne peut se demander sans étonnement comment la race nègre est restée immobile depuis tant de siècles, lorsque le progrès a pris une marche comparativement si rapide dans tous les pays qui environnent l'Afrique ; par là même on est conduit à cette hypothèse que si les races africaines ne sortent pas bientôt des ténèbres où elles sont plongées, leur sort inévitable est d'être remplacé par des êtres d'un ordre supérieur. Leur salut serait assuré, si on pouvait leur imposer un gouvernement pareil à celui que l'Inde a reçu de nous ; sauf cela, je ne leur vois guère aucune chance d'avenir. Pour le moment, en effet, l'Africain n'est en état, ni de se tirer d'affaire par lui-même, ni de mettre à profit l'assistance que les autres peuples pourraient lui donner. Son pays est dans une trop complète anarchie, agité de troubles trop permanents, pour que l'inquiétude où il est relativement à ses moyens de subsistance lui permette aucune autre préoccupation. Ce que ses pères ont fait, il le fait à son tour, fidèle à une tradition séculaire. Comme eux, il force sa femme à travailler, vend les enfants qu'elle lui a donnés, réduit en esclavage tous ceux sur lesquels il peut mettre la main, et hors du temps où il combat ainsi pour s'asservir les autres, il se contente de boire, de chanter, de danser pour tromper l'ennui qui le ronge, menant à peu de chose près la vie du singe, insouciante et joyeuse.

Quelques-uns, en très petit nombre, fabriquent des étoffes de coton, menuisent le bois, forgent le fer ou le cuivre, préparent le sel, etc. Mais leur règle, à tous, est de travailler aussi peu que possible, et leur usage constant de ne rien emmagasiner au delà des approvisionnements nécessaires pour la saison prochaine, de peur que leurs chefs ou leurs voisins, leur enviant cette richesse inusitée, ne se hâtent de les en dépouiller.

Je puis ajouter que l'esclavage est une des grandes causes de leur oisiveté ; il rend le travail humiliant pour les maîtres, qui le repoussent comme les assimilant à leurs esclaves. Toute la besogne intérieure retombe ainsi sur les femmes, qui brassent la bière, cuisent les aliments, broient le blé, fabriquent la poterie et les corbeilles, prennent soin de la maison et des enfants, le tout sans préjudice de l'aide qu'elles portent aux esclaves employés à la culture, et de la surveillance des troupeaux qui leur est parfois confiée. »

Réhabilitation du nègre, par Livingstone. — « Il est possible de réhabiliter l'Africain. Nous ne doutons ni de son cœur, ni de son intelligence, et nous ne désespérons pas de la tâche que nos frères d'Amérique ont entreprise à Libéria, sur la côte de Guinée.

Quant à la place que le nègre doit un jour occuper parmi les peuples, nous n'avons rien vu qui justifie l'hypothèse de son infériorité native, rien qui prouve qu'il soit d'une autre espèce que les plus civilisés.

L'Africain est un homme doué de tous les attributs qui caractérisent la race humaine; si des siècles de barbarie l'ont dégradé, il en a été de même de bien des peuples d'autres races.

Il n'est pas du tout classé par les ethnologues au dernier degré de l'espèce humaine; physiquement, il est aussi fort que le civilisé; et comme race, il est doué d'une vitalité surprenante. Les spiritueux et les maladies qui ont été si fatales à l'Indien de l'Amérique du Nord, aux habitants de l'Australie et des îles de la mer du Sud, paraissent incapables d'anéantir les nègres. Même ce trafic monstrueux qui les a décimés et les arrachés de leur berceau depuis des siècles, ne les a pas empêchés de renaître et de noircir la moitié du Nouveau Monde. La nature les a doués d'une force de résistance qui leur permet de supporter les privations les plus affreuses; elle leur a donné une gaieté qui leur fait tirer le meilleur parti possible des situations les plus cruelles.

La force de résister aux souffrances de la captivité, ou, comme diraient certaines gens, l'aptitude à l'esclavage, n'appartient du reste qu'à certaines peuplades africaines. Ce n'est pas une question de climat: impossible de faire un esclave d'un Krooman, qui habite la partie basse et malsaine de la côte occidentale; ni d'aucun membre des tribus cafres, dont la région est toute différente et beaucoup plus élevée.

Le patriarcat est la forme du gouvernement africain; selon le caractère du chef, ce gouvernement est despotique on admet un conseil des anciens de la tribu. Il arrive parfois que le despote est cruel jusqu'au meurtre, jusqu'à la folie sanguinaire; le peuple se soumet à ce bon plaisir monstrueux, tant il a de respect pour celui qui le gouverne; mais en général l'autorité est douce. La même remarque s'applique à la religion de ces tribus.

Mussirongo, type de nègre de l'Afrique occidentale.

Cette paralysie des facultés inventives annoncerait-elle que chaque race est destinée à remplir certaines fonctions dans un vaste plan tracé par la Providence, et dont nous ne pouvons saisir qu'une trop faible partie pour comprendre l'ensemble ? Ne voyons-nous pas, même en Europe, de nombreux exemples de coopération dont ne se doutent point les coopérateurs ?

On trouve partout, et à chaque instant, la preuve que les membres de toute société humaine sont guidés par une force qui ne leur appartient pas, force supérieure qui les conduit à des résultats qu'ils n'avaient pas prévus, et indique un plan providentiel, dont la sagesse finira par être évidente pour tous.

Il est possible, également, que cet arrêt des facultés inventives chez les races qui nous ont précédés dans la voie des découvertes, ait été résolu pour que la plus grande somme de puissance fût du côté de la religion chrétienne, qui enseigne aux hommes à vivre en paix et à s'aimer les uns les autres. Si le pouvoir que la science met au service des nations chrétiennes eût été accordé aux peuples qui semblaient devoir l'acquérir par le cours naturel des choses, nous ne voyons pas de raison pour que les bouddhistes et les musulmans n'eussent pas tourné contre nous leurs armes perfectionnées.

Christianisation du nègre. — On nous a demandé tant de fois, ajoute Livingstone, si les Africains étaient capables d'embrasser le christianisme, que nous croyons devoir hasarder les observations suivantes ; elles paraîtront inutiles à ceux qui connaissent les résultats que les missionnaires ont obtenus depuis vingt-cinq ans dans l'ouest et dans le midi de l'Afrique ; mais elles répondront aux personnes qui nous ont interrogé.

Cette question paraît impliquer, chez ceux qui nous l'adressent, l'idée que la réception de l'Evangile exige une haute intelligence et un jugement exercé. Il se rencontre, il est vrai, des hommes qui, par tempérament, examinent et discutent tous les sujets, autant du moins que leurs facultés le leur permettent ; mais ceux qui, dans la vie, n'obéissent qu'à la raison pure, forment dans toutes les races une très petite minorité.

Nous citerons à cet égard les paroles de sir James Stephen : « Les apôtres, dit-il dans l'un de ses Essais historiques, affirment qu'il existe chez tous les hommes un *discernement spirituel* qui permet à l'intelligence non obscurcie par la passion ou les appétits grossiers, de reconnaître la voix divine, soit qu'elle se manifeste par le sentiment intérieur, soit qu'elle emprunte le langage des prophètes. Ils croient que cette vigueur morale peut s'allier à la faiblesse de l'entendement, et que le pouvoir de discerner la vérité de l'erreur, en matière religieuse, ne dépend pas du degré de culture des facultés intellectuelles. L'Evangile, patrimoine spécial du pauvre et de l'illettré, a servi à des millions d'hommes qui n'ont jamais construit un syllogisme. »

Si nous avons cité les paroles qu'on vient de lire, c'est parce qu'elles expriment une croyance qui est la nôtre, à savoir : que notre divine religion est à la portée du plus humble des hommes, aussi bien que des plus nobles esprits. Toutefois, l'enseignement de ses vérités sublimes doit différer suivant les diverses classes de la famille humaine, et se plier aux circonstances où l'individu est placé. Les moyens d'amélioration doivent en outre se modifier suivant la nature des individus. Il faut que le missionnaire fasse usage de tout ce que lui inspire sa charité pour stimuler le paresseux, adoucir le brutal, éclairer l'ignorant, et prêcher à tous la loi d'amour et de pardon.

Quant aux résultats qu'ont obtenus les missionnaires, nous avons pu voir par nous-même des preuves évidentes de leurs succès, tant sur la côte occidentale que dans le midi de l'Afrique, où de nombreux chrétiens indigènes, intelligents et bien vêtus, forment le plus heureux contraste avec ceux des mêmes peuplades qui sont restés païens.

La lanterne magique de Livingstone. — Cet illustre missionnaire protestant se servait volontiers, comme le font également les missionnaires catholiques, de la lanterne magique pour projeter soit contre un mur, soit contre une toile tendue les images ou les scènes de l'histoire sainte.

La gravure que nous avons donnée, page 11 représente un incident assez joyeux d'une séance donnée par l'illustre prédicant chez le bon roi Chinté, au pays des Lunda, situé au nord du lac Bangouélo.

Une centaine de femmes entouraient le monarque, dont la principale épouse était placée au premier rang et portait sur la tête un curieux bonnet rouge. A chaque parole du souverain, les dames de la cour faisaient entendre une sorte de chant plaintif, tandis qu'une bande de musiciens composée de trois tambours et de quatre tympanistes jetaient au vent l'harmonie la plus douteuse. L'assistance paraissait charmée.

Livingstone avait apporté une lanterne magique : en admirer les tableaux, c'était ce que souhaitait surtout l'illustre Chinté. Ses désirs furent enfin satisfaits.

« Je trouvai mon chef sauvage, dit le voyageur, environné de ses dignitaires et de ses femmes; le premier tableau représentait la sacrifice d'Abraham; les personnages étaient aussi grands que nature, et les spectateurs ravis trouvaient que le patriarche ressemblait infiniment plus à un Dieu que toutes les images de pierre et de bois qu'on offrait à leur adoration... Les femmes écoutaient mes explications avec un silence respectueux ; mais lorsque remuant la glace où l'image était imprimée, le couteau qu'Abraham tenait levé sur son fils vint à se mouvoir en se dirigeant de leur côté, elles supposèrent que c'étaient elles qui allaient être égorgées à la place d'Isaac, et, se mettant à crier toutes à la fois : « Ma mère ! ma mère ! » elles s'enfuirent pêle-mêle en se jetant les unes sur les autres, tombèrent sur les petites huttes qui renferment les idoles, foulèrent aux pieds les plantes de tabac, mirent en pièces tout ce qu'elles rencontraient ; il nous fut impossible de les rassembler de nouveau. Toutefois Chinté resta bravement assis au milieu de la mêlée, et ensuite examina l'instrument avec un vif intérêt. »

§ II. MŒURS ET USAGES DES BAYANZIS.

Les Bayanzis. — Dans l'impossibilité de rapporter en détail les mœurs caractéristiques de chacune des peuplades du bassin du Congo, nous choisissons comme type particulier celles des Bayanzis, qui habitent les deux rives française et belge du moyen fleuve, entre le Kassaï et l'Equateur. Nous les décrirons d'après le capitaine Hanssens, qui a séjourné parmi eux pendant plusieurs années, de 1881 à 1885.

« Physiquement, nous dit-il, les Bayanzis ont bonne apparence. En général, la taille est au-dessus de la moyenne et chez quelques-uns elle est beaucoup plus élevée. Le corps est bien fait, les jambes sont nerveuses, quoique assez grêles ; les épaules sont larges, le buste est bien découpé ; les bras sont assez faiblement musclés. La figure, légèrement aplatie, leur donne une physionomie caractéristique ; l'angle facial est ouvert, le crâne rond, rarement pointu.

La **coiffure** est extrêmement soignée et arrangée avec beaucoup de goût. Les cheveux assez longs sont séparés en deux nattes par une raie longitudinale descendant du front au cou suivant le plan médian de la tête.

Chacune de ces deux parties est divisée à son tour

en plusieurs autres nattes perpendiculaires à la première. Toutes ces parties sont tressées de manière à former des dessins variés, mais toujours originaux et dénotant un sens artistique prononcé. Deux ou trois de ces nattes sont tressées en forme de cornes qui se projettent en avant au-dessus du front et aux deux tempes. Bien souvent, cependant, les coiffures présentent un type tout différent de celui dont je viens de donner une idée. C'est ainsi que j'ai vu quelques femmes dont la tête était complètement rasée des deux côtés et n'avait conservé les cheveux que dans la zone médiane. Ces cheveux, relevés en bourrelet fixé au moyen d'huile de palme, présentent à l'œil l'apparence des cimiers qui surmontaient jadis les casques de nos pompiers.

Chez les Bayanzis, la barbe est rare et clairsemée et les chefs seuls la portent au menton ; sauf cette exception en faveur des membres des familles souveraines, tous les Bayanzis, hommes et femmes, s'épilent complètement la face, cils et sourcils compris. Est-ce par coquetterie ou par mesure de propreté ?...

Ce qui, chez les Bayanzis, est aussi caractéristique que la coiffure, ce sont les **tatouages**. Tandis que les Batéké se découpent longitudinalement les joues par des stries parallèles descendant des tempes vers la bouche, les indigènes dont je m'occupe se tatouent de préférence le front. Ils pratiquent parallèlement à la ligne des yeux une ou deux rangées d'incisions se continuant sur les tempes, jusqu'un peu en dessous des yeux. D'autres fois une troisième rangée, perpendiculaire aux deux premières, descend de la naissance des cheveux, suivant le plan médian de la tête, et se prolonge jusqu'à l'extrémité du nez. Parfois aussi, chez les femmes surtout, le buste est orné d'une façon analogue. Plusieurs rangées d'incisions de formes variées s'étendent alors de la naissance de la gorge jusqu'au ventre et projettent latéralement des branches qui contournent la poitrine.

Le costume des Bayanzis est des plus élémentaires. Il se compose, chez les femmes comme chez les hommes, uniquement d'un « pagne » ou pièce d'étoffe indigène

Indigène des rives du Stanley-Pool.

enroulée autour des reins et descendant jusqu'aux genoux. Le jour où il fait froid et le soir, les « gens à l'aise » portent en outre une autre pièce d'étoffe de même espèce qu'ils drapent autour du buste et qu'ils ont soin de déposer dès que la température s'élève.

L'étoffe indigène est parfois remplacée, chez les coquets, par une étoffe commune qu'ils achètent chez les Basombos, teinte en rouge sale et bordée d'une mince bandelette en drap rouge. Les ornements sont de deux espèces : les *bijoux* et les *peintures*.

En fait de **bijoux**, les hommes se bornent à porter aux poignets et à la cheville un simple anneau de laiton, formé par un tronçon de « mitaku », enroulé autour de la naissance du bras ou de la jambe. Quelques-uns, mais ils ne sont pas nombreux, ont autour du cou une baguette de fil de fer dont les extrémités sont réunies et fixées par des soies d'éléphants de manière à former bourrelet. Cela leur sert à la fois d'ornement et de fétiche.

Les chefs principaux, Ibaka, Mukuala, etc., portent en sautoir d'une épaule à la hanche opposée, un saucisson de drap bleu (bleu saved list), auquel ils attachent, au moyen de fibres de palmier, de petites calebasses, des gourdes minuscules et autres fétiches qui doivent les garantir de tous les maux qu'ils redoutent.

Chez les femmes, les bijoux ont plus d'importance. Les simples anneaux portés par leurs seigneurs et maîtres se transforment pour elles en larges bracelets de laiton couverts de ciselures d'un dessin primitif, mais assez artistement exécuté, et en jambières du même métal montant quelquefois jusqu'à mi-jambe et qui rappellent à distance des fragments des armures défensives de nos anciens chevaliers. Quelques-unes, les plus huppées, portent autour du cou des colliers immenses de cuivre massif, dont le poids atteint parfois jusque 20 ou 25 livres. Ces carcans, qui reposent à la naissance des épaules, semblent ne pas trop les gêner et elles se montrent très fières d'un ornement dont l'aspect seul effraierait nos belles dames d'Europe.

Quant aux **peintures**, elles sont exclusivement

réservées aux hommes. Ici, la fantaisie se donne libre carrière. Tantôt des lignes multicolores, bleues, jaunes, rouges, blanches, courent le long des bras à la façon des passepoils qui ornaient jadis les « kourka » de nos

Ibaka, vieux chef ou roi des Bayanzis de Bolobo.

lanciers, et viennent se rejoindre sur le dos en formant des arabesques de dessins variés. Tantôt la poitrine est sillonnée par des lignes analogues s'étendant sur toute la hauteur du torse et projetant latéralement des embranchements qui rapellent les brandebourgs de nos uniformes contemporains. Quelquefois aussi des cercles concentriques de couleurs différentes s'épanouissent au creux de l'estomac ou entre les mamelles et font ressembler leur buste à des cibles pour carabines Flobert. L'ensemble de ces décorations multicolores, toujours exécutées avec infiniment de goût, ressort fort bien sur le fond bronzé de la peau et donne à tous ces corps à demi nus une physionomie *sui generis*. L'ornementation de la figure est l'objet de soins particuliers. Dans les circonstances ordinaires, ils se bornent à recouvrir les paupières de l'un ou l'autre de leurs yeux d'une couche de couleur blanche, faisant de loin l'effet d'un monocle à large garniture d'argent. Mais, dans certains cas particuliers : mort d'un chef, départ pour la guerre, premières visites aux blancs, etc., etc., la face est couverte de dessins multiples, aux couleurs les plus variées, exécutées avec autant de finesse que de sentiment artistique.

Les femmes, comme on le disait plus haut, ne recourent pas à l'emploi des peintures ; très souvent cependant elles s'enduisent le corps tout entier d'une teinte rouge uniforme obtenue par l'infusion de poudre de n'koula.

L'armement des Bayanzis est exclusivement offensif. Il se compose de fusils à silex, de lances, de javelots et de couteaux. Quelquefois aussi, mais rarement, on rencontre des arcs et des flèches, qui sont particulièrement employés pour la chasse.

Les fusils ou plutôt les mousquetons proviennent des *Basombo* et sont remis comme cadeaux, lors des achats d'ivoire. Les Bayanzis ornent ces armes de bandelettes de laiton, qu'ils se procurent en aplatissant les

« mitakos » qu'ils reçoivent en payement, et de petits clous à large tête de cuivre disposés de manière à former des dessins variés. Cette ornementation alourdit considérablement le poids de l'arme, et c'est probablement à cette circonstance qu'il faut attribuer la prédilection qu'ils montrent pour les petits fusils.

Les Bayanzis, quoique très pacifiques au fond, affectent des allures de farouches guerriers, et jusqu'à présent on a rarement vu un indigène de cette tribu qui ne fût porteur, soit d'une lance ou d'un javelot, soit d'un couteau et quelquefois des deux à la fois. Les armes semblent faire partie intégrante de leurs personnes ; ils s'en munissent dans les circonstances les plus communes.

Cérémonies funèbres. — La mort d'un Bayanzi riche ou jouissant d'une certaine autorité donne lieu à une série de cérémonies très intéressantes à observer.

Dès que le défunt a rendu le dernier soupir, le corps est lavé complètement. La figure est ensuite couverte de peintures fantaisistes, les jambes sont repliées de manière à faire remonter les genoux le plus haut possible, et fixées dans cette position par des ligatures en écorce d'arbre ou en étoffe indigène.

Le corps est alors enroulé dans les plus riches étoffes laissées par le défunt et présente après cette opération l'aspect d'un vaste manchon multicolore, aussi large que haut, surmonté d'une tête bariolée dont les yeux ternes sont largement ouverts.

Ainsi fagoté, le corps est exposé devant la hutte habitée par le défunt, et pendant huit ou dix jours, les indigènes du village et des villages voisins viennent exécuter autour du cadavre des danses funèbres, accompagnées de chants, de roulements de tambours et de coups de fusils. Ce charivari commence au lever du soleil, dure toute la journée et se prolonge parfois bien avant dans la nuit.

Le « malafou » circule à pleines jarres et les danseurs ne se retirent que lorsqu'ils sont épuisés par la fatigue ou ivres-morts.

Les mêmes scènes recommencent le lendemain et les jours suivants.

Sous le rapport des **croyances religieuses**, j'avoue que je ne suis pas encore parvenu à me procurer des renseignements assez positifs et détaillés.

Tout ce que je sais, c'est que leur religion consiste en un grossier fétichisme, qui les amène à donner des vertus surnaturelles aux objets les plus disparates.

Le papier surtout paraît avoir à leurs yeux une valeur considérable comme préservatif des maux qu'ils redoutent, et quand il m'arrive de déchirer un brouillon de lettre ou un vieux journal, je suis certain d'en retrouver les débris quelques heures après, dans la chevelure de nos voisins qui répondent gravement et d'un air convaincu, « m'kissi » (fétiche), quand je leur demande pourquoi ils sont ornés de cette manière.

Je m'empresse d'ajouter qu'avec la mobilité d'esprit qui les caractérise, un fétiche ancien perd bien vite sa valeur à leurs yeux, quand ils ont l'occasion de le renouveler, sans bourse délier, bien entendu. Le « m'kissi » d'aujourd'hui sera mis au rancart pour faire place à celui de demain ; et telle tête qui un jour est ornée d'un article de l'*Echo du Parlement*, m'apparaîtra le lendemain couverte de la chronique religieuse de l'*Univers* ou du *Journal de Bruxelles*. »

(Capitaine HANSSENS).

§ III. LES NÈGRES DU GABON.

M. A. Pécile, l'un des collaborateurs de M. de

Brazza, nous a donné les détails suivants sur les peuplades Gabonaises.

« Les **Pahouins** du haut Ogôoué sont un peuple vraiment intéressant. Bien qu'ils soient sauvages jusque dans la moelle des os, intelligents et courageux, c'est l'unique peuplade de la rivière qui ait un caractère délié.

A Boué, nous avons eu quelques difficultés avec ces braves gens. Il était beau de voir le courage et la joie de ces sauvages, et comment ils allaient au devant de la fusillade, et avec quelle habileté ils s'embarquaient pour soutenir l'attaque. Heureusement tout finit pour le mieux et nous nous quittâmes bons amis.

Quand je suis arrivé à un certain village pahouin, tous les hommes étaient sur pieds, armés de leurs fusils, qu'ils ne quittent jamais, et d'un couteau caractéristique.

Les Pahouins étant une peuplade de l'intérieur, ne savent ni nager, ni pagayer, ni construire une pirogue. Celles qu'ils possèdent, ils les ont toutes volées aux tribus voisines. Ils emploient le radeau pour descendre le fleuve. Ce sont des commerçants très habiles, qui ont pour ainsi dire le monopole du trafic de l'ivoire. Ils sont d'ailleurs adroits chasseurs et vendent leur chasse fumée (très bonne) aux peuplades voisines. Un de leurs objets de chasse le plus usité est le long filet en corde avec lequel ils prennent les antilopes et les sangliers.

Les Pahouins tendent pour la plupart à se rapprocher toujours de la côte, où ils sont arrivés déjà les premiers ; d'autres émigrent continuellement. Des villages entiers descendent. Lorsqu'ils seront à la côte, ils pourront rendre de réels services à la colonie, qui se servira de ce peuple laborieux et intelligent et de beaucoup supérieur à la race des Mpongoués, d'ailleurs race presque complètement éteinte.

Les femmes Pahouines sont, autant qu'on peut le dire, laides, petites, ivrognesses; elles ont des cheveux longs et crêpus qui leur forment une espèce de perruque, frisée comme celle d'un caniche. Leurs jambes sont recouvertes jusqu'aux genoux de gros anneaux de fer ou de cuivre, mais elles n'ont rien au bras.

Les **Adoumas** sont un autre peuple intéressant, non par lui-même, mais parce qu'il est très nombreux et essentiellement navigateur.

Le pays des Adoumas est le seul de la rivière qui ait un aspect agréable, fertile, cultivé et qui fasse exception à l'éternelle monotonie du paysage, monotonie qui vous poursuit, ennuyeuse au possible, de Lambaréné à Franceville.

L'Adouma est peu intelligent; comme industrie, il a l'huile de palme, les nattes (très belles) et les étoffes indigènes faites de feuilles de palmier. Ces gens cultivent beaucoup et bien : ils construisent des pirogues et les mènent dans la perfection.

Du reste, comme peuple sauvage, il n'a rien de caractéristique; il est pacifique et poltron. Il me suffira de dire que je suis allé seul dans un village, avec le fusil sur l'épaule : je leur dis que j'étais venu pour faire la guerre. Je liai le chef du village, et tous les autres prirent la fuite. De sorte que si j'avais voulu, je pouvais incendier tout le village et emmener le chef prisonnier, tout cela sans tirer plus d'un coup de fusil en l'air.

Les Adoumas sont extrêmement avides de viande. Il m'arriva un jour d'interroger un chef et de lui demander pourquoi il n'élevait pas des porcs dans son pays, comme le font les autres tribus voisines; il me répondit qu'il avait bien essayé, mais qu'il les avait trouvés si bons qu'il avait toujours fini par les manger tous.

Les **Obambas** sont remarquables par la façon relativement merveilleuse avec laquelle ils travaillent le fer, qu'ils tirent eux aussi du minerai. Ils sont toujours armés d'une ou de plusieurs sagaies fort bien faites, d'un petit arc et d'un carquois de flèches empoisonnées, plus d'un beau couteau d'une forme particulière. La sagaie est une fort bonne arme.

Guerriers nègres.

Dans le bas de la rivière, les étoffes, la poudre, le fusil et le tabac sont les principaux objets d'échange, tandis qu'à Boué le sel est le dieu des noirs, et l'étoffe, les perles et les fusils sont ce qu'on donne, non pour leurs besoins journaliers, mais comme cadeaux et comme paiement aux hommes. Pour une cuillerée de sel, on achète une poule, quatre œufs, un régime de plus de cinquante bananes.

Quant aux verroteries, leur valeur dépend de la mode et des demandes plus ou moins nombreuses ; mais le sel reste malgré tout le maître des marchandises. A peine donné, il est mangé et, à peine mangé, il est de nouveau désiré ; il en est ainsi de la poudre qu'on brûle aux trois quarts dans l'air.

Le **Batéké** est fort peu sympathique, de nature emportée et méfiante. Il est anthropophage, mais il ne mange pas les morts et ne tue pas les esclaves pour les manger ; il mange les prisonniers de guerre, et l'ennemi qu'il a tué par vengeance. En fait d'armes de guerre, il n'a que la sagaie et un grand couteau qu'il porte presque constamment sous le bras. L'arc, petit et primitif, lui sert presque exclusivement d'arme de chasse. Le fusil n'est employé que par quelques chefs.

Ce qu'il y a de bon chez les Batékés, c'est qu'ils sont un peuple de porteurs. Ils portent avec une espèce de hotte, du genre de celle de nos colporteurs, et un homme chemine jour par jour avec 25 ou 30 kilos sur l'épaule d'un pas rapide, sans s'arrêter avant le soir.

Le Batéké est d'une sobriété singulière. Avec un peu de manioc, quelques sauterelles ou quelques chenilles qu'il ramasse à ses pieds, tout en marchant et sans s'arrêter, il satisfait son appétit. Ils sont maigres comme des squelettes et il est surprenant de voir ces carcasses ambulantes porter d'assez forts poids avec tant de désinvolture. Tous ces gens sont gagnés à l'expédition, et tous font régulièrement le service de transport de Franceville à leur pays. Pour quatre jours de « portage » de Franceville ici, ils reçoivent quatre brassées d'une cotonnade à fr. 0,25 le mètre, bien teinte et bien empesée, un verre de sel et un de poudre; 20 perles de verre transparent et 20 cauris, petit coquillage qui produit un petit bruit lorsqu'on l'approche de l'oreille ; le tout en Europe vaudrait à peine 2 francs.

Les noirs sont, en général, de bonnes gens, le tout est de savoir les prendre ; il faut agir avec eux comme avec les enfants: les prendre tantôt de front, tantôt de côté, tantôt les persuader, tout en leur donnant des bonbons comme aux enfants. Pour l'Udumbo, par exemple, il faut le commander sans toutefois le maltraiter. Le Batéké, au contraire, plus fier et plus méfiant, se prend avec des cadeaux et beaucoup de patience. Quant à l'Apfourou, peuple guerrier mais intelligent, franc et loyal, on obtient tout de lui avec la persuasion, les discours et aussi quelques cadeaux qui, au fond, sont le moyen le plus sûr.

A. PÉCILE.

§ IV. LE NÈGRE ESCLAVE ET LE NÈGRE SOLDAT.

L'esclavage et la traite au Gabon. — Voici sur ce sujet, d'après M. Marche, ce qui se pratique, ou se pratiquait encore il y a peu d'années sur les rives du fleuve Ogôoué.

« J'arrivai le 15 juin 1877 au camp des Okandas situé en face de l'endroit où nous nous étions arrêtés quatre mois. J'y trouvai une réunion d'esclaves des deux sexes et de tout âge, qui, à mon apparition, disparurent sous leurs abris.

Tous les hommes esclaves ont au pied une bûche dans laquelle on a fait un trou assez grand pour que la cheville y puisse entrer ; puis l'on rétrécit l'ouverture en enfonçant un morceau de fer au milieu, afin que le pied ne puisse plus repasser. Pour marcher, ce qu'il leur serait impossible de faire sans se blesser, ils supportent cette bûche par une corde attachée à chaque bout, ce qui les fait ressembler à des forçats traînant leur chaîne et leur boulet. Quelques-uns des plus robustes, ceux qu'on craint de voir s'enfuir quand même, ont les mains passées dans une planchette, qui forme comme un diminutif de cangue : ce sont les plus malheureux : obligés de se tenir toujours dans la même position, leurs souffrances doivent être intolérables. Les femmes et principalement les enfants sont libres. Tout ce monde n'a pas l'air de se plaindre de son sort. Un seul vint me demander protection ; mais comme je n'avais pas assez de marchandises pour le payer, je me contentai de prévenir son propriétaire que la première fois qu'il le frapperait, je le lui rendrais au centuple. Ce n'est pas pourtant que les noirs frappent généralement leurs esclaves : ils craignent trop que la marchandise soit détériorée, et de plus, que ceux-ci ne les empoisonnent, chose qui serait en somme, assez facile et dont ils ont bien peur. Tout cela rit et joue ; ils sont enchantés du peu de tabac que je leur donne, et qu'ils fument parfaitement sans vouloir que leurs maîtres en usent...

Ici, depuis son arrivée, la petite vérole a causé énormément de ravages. Dans le camp est un vieil esclave près de mourir ; tous ses compagnons d'esclavage lui font endurer mille tourments : ils lui retirent sa natte quand il veut dormir, se moquent de lui quand il se traîne pour aller boire ; ils ne comprennent pas, tout en m'obéissant, pourquoi je leur fais des reproches et leur défends de tourmenter ce malheureux, captif comme eux, et qui souffre ce qui pourra leur arriver demain. D'autres esclaves sont emmenés presque aussi malades, parmi lesquels une femme dont je parlerai plus loin.

Ces esclaves sont vendus aux Okandas par les Adoumas, qui les achètent en partie chez les Aouandjis et les Obambas. Ceux qui ne peuvent trouver à en acheter vendent leur famille, père, mère, frères, enfants; car celui qui, dans une circonstance comme l'arrivée d'une caravane d'esclaves, ne trouverait pas à vendre au moins un enfant, ne serait qu'un pauvre hère. Il faut faire commerce pour être du « grand monde. »

Pendant que je veille à la cuisson de mon repas, on vient m'avertir qu'on va jeter à l'eau une femme esclave atteinte de la petite vérole et encore vivante. Je hêle la pirogue : les hommes qui la montent font la sourde oreille; je prends mon fusil : à cette vue, ils s'empressent d'accoster. Je leur demande ce qu'ils vont faire de cette femme. « Tu vois bien, me disent-ils, qu'elle va mourir avant deux ou trois jours; elle est horriblement couverte de mal, et peut le communiquer à ses compagnons. Nous ne voulons pas la donner à d'autres et nous allons la noyer; — pas devant toi, ajoutent-ils; — derrière l'île pour que tu ne la voies pas. »

Je saute dans la pirogue, et je les oblige à aller accoster à la rive opposée, et à débarquer la femme, qui est absolument incapable de se mouvoir; les hommes qui la sortent de l'embarcation se couvrent les mains de feuilles afin de ne pas la toucher directement. Du reste, elle est affreuse à voir; je lui fais donner des provisions, et elle reste là. Quand je reviens au camp, tout le monde se moque de moi, surtout les esclaves. « Comment, me disent-ils, toi qui es un grand chef, un blanc, tu t'occupes d'une femme, et d'une esclave ? Ce n'est pas ton affaire, on ne s'occupe pas de cela. »

Le lendemain, nous partons au point du jour. Un moment après, je m'aperçois qu'un Ossyéba a pris la femme variolée dans une petite pirogue où elle est étendue, ne donnant presque plus signe de vie ; je demande pourquoi il l'emmène ; on me répond que puisqu'elle n'est pas morte cette nuit, elle peut vivre encore deux ou trois jours, assez pour être vendue.

Nous arrivons aux rapides dangereux. On débarque les esclaves. Ceux-ci sont tenus par leurs propriétaires au moyen de la corde qui sert à les amarrer dans la pirogue ; pourtant ces malheureux ne songent guère à se sauver. D'un côté, il est vrai, leurs maîtres les conduisent en esclavage ; mais de l'autre, s'ils fuyaient, ils tomberaient entre les mains des Ossyébas qu'ils savent anthropophages, et sur le compte desquels leurs possesseurs ont bien soin de leur raconter force histoires plus effrayantes les unes que les autres. »

A. Marche.

*
* *

Le nègre soldat. — La vie si dure des peuples nègres les prédispose aux sacrifices exigés par l'état militaire ; aussi les Européens s'en servent-ils généralement comme milice dans leurs colonies.

Le général Wolseley, l'ancien commandant en chef des forces britanniques qui a conquis la gloire sur les champs de bataille de la Guinée, du Cap et des bords du Nil, avait qualité pour analyser les aptitudes militaires de la race noire. Il n'est pas d'homme en Europe qui connaisse mieux les soldats nègres pour les avoir eus sous ses ordres et pour les avoir vaincus, et les détails ci-après émanent de sa plume autorisée.

« Lorsque les croisières anglaises de l'Atlantique capturaient autrefois une de ces cargaisons d'esclaves, que des aventuriers sans scrupules achetaient sur la côte de Guinée pour les revendre au Brésil ou à Cuba, le médecin-major de l'escadre choisissait avec soin les noirs les plus vigoureux. Ces sujets d'élite étaient aussitôt instruits et baptisés et recevaient le nom d'un guerrier illustre. On les appelait Wellington, Nelson, Marlborough ou Napoléon, ce qui leur était assez indifférent, car les peuplades africaines sont loin d'avoir des idées bien arrêtées sur les mérites comparés de ces grands généraux. Puis, sans leur demander leur consentement, on les enrôlait sous les drapeaux de S. M. Britannique. Ainsi se recrutaient les régiments des Indes occidentales, qui tenaient garnison dans les Antilles et les possessions anglaises de la Gambie, de Sierra Leone et de Lagos.

A peine ces nègres avaient-ils endossé l'uniforme qu'ils devenaient d'admirables soldats. On ne saurait s'imaginer l'influence que les prédispositions héréditaires exercent sur l'homme à l'état sauvage. Lorsque le Marlborough ou le Napoléon noir, baptisé et enrôlé de la veille, était issu d'une peuplade guerrière, il faisait des progrès surprenants. Le même sauvage qui eût été incapable de tracer une ligne droite, si on avait essayé de lui enseigner un métier manuel, devenait au bout de quelques semaines un troupier accompli. Lord Wolseley ne craint pas d'affirmer qu'un Basouta ou un Zoulou apprennent l'exercice beaucoup plus vite qu'un Européen. C'est l'histoire du chien de chasse que l'on mène pour la première fois à la recherche du gibier. Peu importe l'intelligence du sujet, c'est un instinct de race qui se réveille en lui avec une puissance irrésistible. Il en est de même du nègre qui est né d'une tribu où les hommes sont tous guerriers de génération en génération.

Mettez-lui un fusil à la main ; comme il a dans le sang quelque chose de militaire, le maniement de l'arme et l'école de peloton excitent dans son cœur un entrain, une admiration, un enthousiasme que les jeunes conscrits des nations européennes n'éprouvent pas toujours au même degré.

A la vérité, il existe en Afrique peu de tribus où les hommes naissent soldats, mais le nègre, fût-il issu d'une race peu belliqueuse, n'en possède pas moins les deux vertus que les peuples civilisés ont le plus de peine à acquérir : nous voulons dire l'aptitude à supporter les privations et le fétichisme de la consigne. Ce qui rend les épreuves de la guerre si cruelles pour les jeunes recrues brusquement arrachées à la charrue ou à l'atelier, ce n'est pas la crainte du danger, c'est bien plutôt la fatigue des nuits passées en plein air, les longues marches sans pain, les déceptions de l'étape où manque la distribution de vivres. En arrivant sous les drapeaux, le sauvage habitué à se nourrir du produit plus ou moins incertain de sa chasse a déjà son éducation faite. Il n'est pas accoutumé à déjeuner et à dîner à heure fixe, et s'il est obligé de s'endormir le soir, l'estomac vide, ce contre-temps n'altère ni sa bonne volonté, ni la vigueur de ses muscles ; une ou deux journées de jeûne forcé sont à ses yeux un de ces menus incidents qu'il accepte comme une des conditions normales de son existence.

CHAPITRE X.

LES MISSIONS CATHOLIQUES DU CONGO.

§ I. LES MISSIONS EN GÉNÉRAL.

Action du christianisme. — Il y a deux mille ans, la religion chrétienne a sauvé l'Europe et les autres contrées méditerranéennes de la corruption du paganisme ; elle a préparé et opéré la civilisation dont nous jouissons aujourd'hui, civilisation que déjà depuis quatre siècles notre race blanche a communiquée à l'Amérique et à diverses autres parties du globe.

C'est la même puissance religieuse, qu'elle soit plus ou moins masquée sous les apparences d'intérêts politiques ou mercantiles, ou qu'elle agisse directement au grand jour par le moyen des missions catholiques et protestantes, c'est la religion qui opérera encore le plus sûrement la régénération de cette intéressante race noire africaine, privée si longtemps de ses bienfaits.

Incontestablement l'Evangile du Christ a pénétré dans l'Afrique centrale avec les missionnaires portugais et d'autres, il y a plusieurs siècles déjà ; de nombreux vestiges en font foi ; mais le bien qu'ils y ont opéré a été relativement peu marquant, et surtout peu stable. Il était réservé à notre époque d'expansion nécessaire de la race européenne, de voir se briser les portes qui fermaient « le continent mystérieux » à l'influence de la Bonne Nouvelle.

L'action pacifique et moralisatrice des missions catholiques est telle dans l'Afrique centrale, que le gouvernement de l'Etat du Congo a confié provisoirement la plus lointaine de ses provinces à l'administration des Pères Blancs des stations de *Mpala* et de *Kibanga*, sur le lac Tanganika. En outre, il a sollicité et obtenu du Saint-Siège l'érection du *Vicariat apostolique du Congo belge*.

Le gouvernement de la République française, fort peu sympathique à la religion en France, protège cependant les missionnaires catholiques dans ses possessions du Gabon et du Congo, et dans les contrées de l'Orient, car il les considère comme les moyens les plus certains d'étendre l'influence nationale en pays étrangers.

Dieu veuille que cette union des deux puissances temporelle et spirituelle persiste partout et toujours, et que les missionnaires ne rencontrent pas au Congo, comme on l'a vu ailleurs, plus d'obstacles à leur influence de la part de certains blancs que des indigènes eux-mêmes.

Surtout qu'il ne soit pas dit plus tard que « la civilisation européenne », avec ses côtés défectueux, ait été plus nuisible qu'utile à ces pauvres natifs africains, comme il en a été pour certaines peuplades de l'Amérique ou de l'Océanie.

Les missions françaises et belges. — La France, la « fille aînée de l'Eglise », a toujours conservé, comme l'une de ses plus belles prérogatives, l'esprit de prosélytisme chrétien, qui, au milieu même des temps si troublés où nous sommes, lui fait envoyer généreusement ses missionnaires et des secours en argent dans les contrées infidèles.

En effet, les missions catholiques françaises sont répandues dans le monde entier, et sur les 35 vicariats ou préfectures apostoliques qui divisent le continent africain, les quatre cinquièmes sont desservis par des prêtres français, très souvent assistés par des frères, et même par d'admirables religieuses vouées surtout à l'éducation des enfants nègres.

La partie de l'Afrique équatoriale qui nous intéresse ici forme cinq *vicariats apostoliques*, savoir ; 1º celui du *Gabon* ; 2º celui du *Congo français* : 3º celui du *Bas-Congo*, en territoire portugais, — tous trois confiés aux soins des Pères du Saint-Esprit ; — 4º celui du *Congo belge*, desservi par les Missionnaires de Bruxelles ; — 5º celui du *Haut-Congo*, administré par les Pères Blancs de N.-D. d'Afrique.

Voici quelques détails sur l'organisation des chrétientés naissantes africaines.

Missions des Pères du Saint-Esprit et du Saint-Cœur de Marie. — La Congrégation des Pères du Saint-Esprit fut fondée en 1705 par l'abbé Desplaces, pour le service de nos colonies. En 1848, sous l'inspiration du vénérable P. Libermann, elle fusionna avec la société du Saint-Cœur de Marie, ce qui donna lieu au double titre qui la désigne.

Sa maison principale est à Paris, rue Lhomond, 30, et elle compte en Afrique huit grandes missions avec plusieurs centaines de missionnaires.

Voici, pour 1890, la statistique sommaire des trois missions de la région qui nous occupe.

A. *Vicariat apostolique du* GABON (bassins de l'Ogôoué et autres bassins côtiers), comprenant 9 stations : *Ste-Marie* du Gabon (résidence), St-Pierre de *Libreville*, St-Joseph de *Benga*, au cap *Esteiras*, et St-Paul *Donghila* (tous sur l'estuaire du Gabon) ; — *San-Benito*, sur la côte au nord ; — les *Adoumas* ou Lastourville, et *Lambaréné*, sur l'Ogôoué, St-Anne des

Camas, sur la côte au sud. En outre, une station à *Onitza*, sur le Niger anglais.

Ces stations comptent 26 prêtres, 25 frères, 16 religieuses de l'Immaculée Conception (celles-ci à Libreville).

B. *Vicariat apostolique du* Congo français, s'étendant à l'ouest du Conge belge jusque dans les régions inconnues du nord de l'Oubanghi.

5 stations : *Loango*, résidence, et *Mayumbé*, sur la côte ; — Saint-Joseph de *Linzolo*, sur le Congo ; — *Brazzaville*, près du Stanley-Pool ; — Saint-Louis de l'*Oubanghi*, au confluent de cette rivière et du Congo. 12 prêtres, 4 frères, 4 religieuses, 3 clercs indigènes.

C. *Préfecture apostolique du* Bas-Congo *et du* Kassaï (au sud-ouest du Congo belge).

4 stations : *Landana*, port (résidence), et St-Paul de *Loanda* (territoire portugais) ; — *Nemlao*, près Banana, et *Boma*, dans le Congo belge. — 15 prêtres, 5 frères.

Missions étrangères belges. — Cette congrégation établie sous le patronage de l'Immaculé Cœur de Marie, a son siège à Scheut-lez-Bruxelles. Depuis de longues années, elle évangélise avec succès les vicariats apostoliques *de Mongolie* et *du Kan-Sou* (Empire chinois).

A la demande du roi des Belges, le Pape l'a chargée également de la mission fondée en 1888, sous le titre de *Vicariat apostolique du Congo belge*, comprenant la plus grande partie de l'Etat indépendant. Un séminaire pour les études africaines est établi près la célèbre Université catholique de Louvain.

5 stations : *Nemlao*, près Banana, et *Boma* (desservies primitivement par les PP. du St-Esprit) ; — *Léopoldville*, sur le Stanley-Pool ; *Berghe-Ste-Marie* (Kwamouth), au confluent du Kassaï, et *Loulouabourg*,

qui sont desservies par les Missionnaires belges.

Missions des Pères d'Alger. — La congrégation des Pères d'Alger, dits aussi PP. de N. D. d'Afrique, et *Pères Blancs*, à cause de leur costume blanc quasi arabe, a été établie par Mgr Lavigerie pour les besoins de l'Algérie d'abord, ensuite du Sahara et de la région des Grands Lacs équatoriaux.

Elle dessert, entre autres missions, le *vicariat apostolique du* Haut-Congo, se composant de la partie du territoire belge situé entre le Congo supérieur et le lac Tanganika. Les stations sont : *Kibanga*, sur la baie Burton, et *Mpala*, toutes deux situées sur la rive occidentale du Tanganika.

La mission de *Karéma*, sur la rive orientale, dépend du vicariat apostolique dit du Tanganika.

Les Sœurs françaises au Gabon. — Les mérites des missionnaires catholiques, prêtres séculiers ou religieux congréganistes, sont suffisamment connus par les récits de leurs actes.

Mais l'héroïsme des bonnes sœurs qui les aident dans leurs travaux apostoliques est digne d'être signalé particulièrement. Pour cela nous emprunterons ici le témoignage de l'excellent marquis de Compiègne, l'explorateur dont il a été question plus haut.

Après avoir fait l'éloge des missionnaires du Gabon, il me reste, ajoute-t-il, à dire quelques mots de l'établissement des sœurs.

Les saintes filles sont ici (à Libreville) une vraie providence, et font l'admiration de ceux-là même qui, par hostilité systématique contre la religion, méconnaissent les efforts des missionnaires et s'acharnent à les dénigrer. Elles appartiennent à la congrégation de l'Immaculée Conception, dont le siège est à Castres, et ont été appelées par Mgr Bessieux, qui avait pu déjà apprécier leur courage et leur dévouement.

Pour elles, la lutte a été peut-être plus pénible et certainement plus meurtrière encore que pour les missionnaires. Il suffira de citer un trait, pour faire apprécier leur héroïsme.

Au mois de janvier 1871, arrivèrent au Gabon trois sœurs destinées à combler les vides faits par la maladie et par la mort. Au mois de février, l'une d'elles succombait, et au mois d'avril, les deux autres mouraient à quinze jours de distance l'une de l'autre. La nouvelle de leur mort arriva à la congrégation. Par le courrier suivant, trois autres sœurs partirent pour les remplacer. Si le cœur du soldat bat plus fort en montant à l'assaut, quelles durent être les angoisses de ces pauvres filles, brusquement arrachées à leur pays, torturées par le mal de mer, et voguant vers cette terre lointaine, où elles devaient s'attendre à trouver la mort, comme les trois sœurs qu'elles avaient vues partir pleines de vie quelques mois auparavant ! De pareils dévouements doivent produire un bien immense.

Depuis vingt ans, ici, comme partout où il y a à faire quelque chose de bon, on trouve les sœurs à l'œuvre. Avant que l'hôpital fût, à cause de l'extrême insalubrité de la côte, transféré en pleine mer, à bord de la frégate stationnaire, elles étaient sans cesse au chevet des malades. Aujourd'hui, elles ont établi chez elles un hôpital où les femmes noires malades, infirmes ou épuisées par la vieillesse, reçoivent des soins dévoués. Là aussi viennent frapper, après avoir souvent erré, mourant de faim, à travers les broussailles, de pauvres esclaves qui se sont enfuies, maltraitées et meurtries par leurs maîtres ; elles sont sûres de trouver chez les sœurs asile et protection.

Les sœurs ont formé une maison d'éducation pour les filles noires, qui y sont élevées depuis leur plus tendre enfance. On en fait, non seulement des chrétiennes, mais encore des ouvrières : elles apprennent tous les travaux d'aiguille, le blanchissage, le repassage, etc. Au milieu de tant de travaux, les bonnes sœurs prennent encore le temps de cultiver un grand et beau jardin, dans lequel on retrouve les roses, les pervenches, les œillets et tant d'autres fleurs presque inconnues dans ces pays, et aussi les légumes de France, qui sont toujours à la disposition des malades. Quelque colon épuisé a-t-il besoin de bouillon, d'une bonne soupe, d'œufs frais, c'est aux sœurs qu'il s'adresse. C'est chez elles qu'on blanchit le linge, qu'on raccommode les effets, au besoin que l'on en confectionne, en un mot, que l'on trouve une foule de petites ressources précieuses dans un pays comme celui-ci. Aussi tant de bonté et d'abnégation ont-elles trouvé grâce aux yeux des plus sceptiques : sur le passage des sœurs, il n'est pas une tête qui ne se découvre et ne s'incline avec vénération. »

§ II. Mission de Lambaréné.

Par les détails qu'on va lire, on pourra se rendre compte tout à la fois du genre de vie des indigènes, de leurs qualités morales et affectueuses, et des consolants résultats religieux obtenus chez eux par les missionnaires français.

Dans l'impossibilité de parler de chaque mission en particulier, nous avons choisi celles de Lambaréné et des Adoumas.

Mission de Saint-François-Xavier. — La station de Saint-François-Xavier de Lambaréné est établie sur le fleuve Ogôoué, ouvert depuis quelques années seulement à la civilisation chrétienne, et sur les bords duquel les Pères du Saint-Esprit ont déjà jeté les fondations de plusieurs chrétientés importantes. Le chef actuel du vicariat apostolique du Gabon, Mgr Le Berre, a succédé en 1877 à Mgr Bessieux, le vénérable fondateur de cette grande mission de la côte occidentale de l'Equateur africain.

Lettre du R. P. Lejeune (1).

Lambaréné, 2 Mars 1888.

Permettez au dernier de vos enfants qui se consacrent, sous le soleil brûlant de l'Afrique, à l'œuvre de la conversion des Noirs, de vous entretenir quelques instants de la mission de Lambaréné, sur les bords de l'Ogowé.

Un mot d'abord sur notre établissement.

Notre maison s'aperçoit de loin ; car elle est située sur une petite colline couverte de bananiers et de manioc, entourée d'avenues de cocotiers, de manguiers, d'avocatiers : tout cela planté et cultivé par les missionnaires.

C'est, sans contredit, le point le mieux choisi du pays. Les orangers y abondent; les mandarines et les barbarines fournissent un excellent dessert à tous les blancs de la contrée. Nos mandarines sont expédiées jusque dans le haut Ogowé. Tous les légumes d'Europe, haricots, choux de Bruxelles, choux-fleurs, radis, etc., poussent admirablement dans nos jardins. Notre basse-cour est peuplée de poules, de canards, de lapins, de cabris, de moutons, de pigeons. C'est pour nous une grande et bien précieuse ressource, car le gibier n'est pas abondant dans le pays.

Nos enfants. — Dans nos cours, prennent leurs ébats une cinquantaine d'enfants de six à quinze ans, de toutes races. Tous mangent à belles dents, jouent avec entrain, mais travaillent encore mieux, en classe,

---

(1) *Annales de la Propagation de la Foi*, septembre 1888.

Voyage du missionnaire catholique dans l'Afrique centrale.

au défrichement des forêts, aux plantations. Ils s'ingénient eux-mêmes, pendant leurs récréations, à bâtir de petites maisons, semblables à celles des Européens, à construire de petits bateaux à vapeur, etc.

La plupart viennent de faire leur première communion et de recevoir le sacrement de la confirmation de la main de Mgr Le Berre.

Parmi les confirmés était la bonne vieille Monique, percluse de tous ses membres et baptisée seulement depuis Noël. Il fallut aller la chercher dans sa case sur une brouette, car elle voulait absolument être baptisée à l'église. Ayant appris que Monseigneur devait confirmer, elle demanda à être transportée dans la maison du bon Dieu ; comme personne ne pouvait aller la chercher, elle quitta elle-même son grabat, et vint du village, en se traînant sur les mains.

Résultats obtenus. — Comme vous le voyez, nos peines, non plus que les sacrifices des chers associés de la Propagation de la Foi, sont loin d'être perdus. Voici, en résumé, les résultats obtenus jusqu'à ce jour par notre mission de Saint-François-Xavier :

1° Une chrétienté de plus de cinq cents personnes est formée ; et il n'y a que quelques années tous les habitants étaient idolâtres ou fétichistes.

2° Toutes les factoreries trouvent chez nos enfants, avec un dévouement constant, une honnêteté et une fidélité à toute épreuve. Les magasins, les registres leur sont confiés. Et il nous est impossible de satisfaire à toutes les demandes qui nous sont adressées.

3° Il n'est pas jusqu'aux farouches Pahouins qui ne finissent par s'apprivoiser. Jusqu'ici les essais que nous avions tentés près d'eux étaient restés stériles. Les enfants fuyaient après huit ou quinze jours de présence à la Mission, emportant avec eux ce qui leur tombait sous la main : couteaux, pagnes, tabac, assiettes, etc. Et voici qu'une douzaine savent à l'heure qu'il est les trois premières parties du catéchisme, les mystères, les commandements et les sacrements de baptême, de confirmation, d'eucharistie et de pénitence. Quatre d'entre eux ont été baptisés à Noël : les autres le seront à Pâques. Deux ont fini leur syllabaire ; ils commenceront la lecture courante avant un mois, bientôt ils sauront compter.

Autrefois nous étions obligés de chercher des enfants, actuellement nous ne pouvons admettre tous ceux qui se présentent.

Conversion d'un chasseur. — Laissez-moi vous raconter la conversion du plus fameux tueur d'hippopotames du pays situé au-dessus de la crique du Fernand-Vaz, où l'Ogowé change complètement d'aspect. Il s'appelait *Ofanginoveni*, ce qui signifie dans le langage des naturels *Tu te fais peur*. Il avait six femmes. Sa réputation s'étendait au loin dans le haut et dans le bas de la rivière. Le plus riche des Galoas par ses pagnes, ses fusils à piston et à pierre, il était admiré et craint de tous. Ses richesses et sa popularité le perdirent : il eut des envieux, et un misérable jeta du poison dans son breuvage. Ofanginoveni tombe malade; ses femmes l'emportent bien loin dans la forêt pour le dérober à la fureur de ses ennemis.

Le missionnaire apprend cette nouvelle, il cherche partout l'infortuné ; deux jours se passent. Aucun résultat. Enfin, un enfant de la Mission aperçoit dans un ravin, à quelque distance d'un petit village, quelques branches de palmier plantées en terre et entremêlées de larges feuilles de fougère.

— Il y a une moustiquaire au milieu de ces feuilles, se dit l'enfant, peut-être y a-t-il aussi un malade.

— N'avance pas, minissé, s'écrie une femme affolée, il y a là une femme qui se baigne.

— Eh bien ! j'attendrai un instant.

Une demi-heure se passe, une heure ; le Père s'aperçoit enfin qu'on le trompe ; il s'avance donc, écarte les feuilles et soulève la moustiquaire. C'était Ofanginoveni.

— Pauvre Ofanginoveni, comme te voilà maigri !

— Ah ! je meurs, quelqu'un m'a tué.

— Prépare-toi alors au grand passage.

— Que veux-tu que je fasse ? Je ne puis parler, ni marcher, ni manger, ni dormir. Dieu est bon, et je n'ai ni tué, ni volé.

— Mais tu as six femmes, et Dieu a porté cette loi : « Un homme, une femme. »

Et pendant ce temps, l'une des femmes d'Ofanginoveni maudissait le missionnaire :

— Que tu meures cette année, toi, ton père, ta mère, avec tous les enfants de la Mission, leurs pères et leurs mères !

— Tais-toi, lui dit le malade lui-même, les minissés ne savent faire que du bien ; ce sont les hommes de Celui qui est en haut.

— Oui, cher Ofanginoveni, reprend le missionnaire, et ils possèdent les paroles de la vie éternelle.

— Ah ! minissé, sauve-moi, baptise-moi.

Mais le malade pouvait vivre encore quinze jours ; il était prudent d'attendre. Deux jours après cet entretien, Ofanginoveni revoyait le missionnaire. Toutes les femmes étaient parties chez leurs parents ; ils n'en restait qu'une, la femme légitime. Le malade avait eu à subir de terribles assauts de la part de ses fils et de ses frères d'abord, puis de la part de ses femmes ; elles allaient être déshonorées pour toute leur vie. Les rois, les principaux habitants des villages, étaient venus à leur tour. Rien ne pouvait ébranler la foi du courageux chasseur d'hippopotames. Quand le prêtre lui versa l'eau sainte sur le front, il prononça, à plusieurs reprises et d'une voix claire, ces paroles : « O vous, hommes et femmes que j'ai offensés, pardonnez-moi ! »

Baptême d'un Galoa mourant.—Nos anciens enfants et nos ouvriers mêmes nous aident à l'envi dans notre ministère auprès des âmes. En remontant le fleuve, on rencontre un village nommé Singagauou. Là, j'ai envoyé un pauvre homme au ciel, j'ai tout lieu de l'espérer. Il ne lui restait plus que quatre jours à vivre, quand j'arrivai près de lui. J'avais demandé s'il y avait des malades dans le village.

— Non, m'avait-on répondu, tout le monde est très bien ici.

Mais un de nos ouvriers me dit :

— Viens, Père, il y a ici un homme qui a été blessé par les Akelais.

Il avait, en effet, reçu une balle dans l'œil droit. Elle n'avait pu être extraite, la gangrène avait fait son apparition, le malade était perdu.

Tout le monde insultait le brave ouvrier qui me conduisait ; je passai outre. J'arrive à la case dans laquelle je veux pénétrer ; elle était fermée à clef ; je force un peu le cadenas, il cède et j'entre. Le roi arrive, il ne lui manquait qu'une écharpe et un code.

— Au nom de la loi, me dit-il, sors d'ici.

— Et au nom de quelle loi ! répliqué-je.

— De la nôtre, à nous Galoas.

— Eh bien ! au nom de Dieu, je t'ordonne de garder le silence et de sortir.

Il sortit, en maugréant, mais je pus instruire à mon aise et baptiser le pauvre malade.

Baptêmes à Lambagénou. — Voici un autre trait de nos enfants de la Mission, se rapportant à ce même voyage que je fis de l'embouchure de l'Ogowé jusqu'à

Lambéréné. A dix heures, nous stoppons vis-à-vis de Lambagénou ; bientôt les pirogues nous entourent, on veut nous vendre un régime de bananes, une poule, des œufs, du caïman fumé. Dans une de ces pirogues était un ancien enfant de la Mission, Pierre-Marie.

Il m'adresse la parole en français, me dit que sa petite sœur est très malade, qu'elle va mourir, mais qu'elle n'est pas encore baptisée. Vite, je monte sur la première pirogue qui se présente. Elle est trop petite et fort avariée ; mais il y a une âme à sauver. J'entre dans ce frêle esquif.

Les parents de l'enfant malade furent heureux de me voir, plus heureux encore d'entendre Pierre-Marie exposer, en pongoué, les merveilleux effets du baptême, qui conduirait leur enfant dans une autre vie, où il n'y a ni souffrances, ni larmes, ni chagrins d'aucune sorte. Avec quel bonheur je versai l'eau régénératrice sur la tête de la petite infirme ! Deux heures après, le bon Dieu la prenait.... On aurait voulu me faire baptiser tous les enfants du village, mais il est trop éloigné de la Mission : je me contentai donc de leur mettre au cou une médaille de la très sainte Vierge.

Quatre mois plus tard, je revins à Lambagénou pour baptiser une autre petite fille de quatre ans, qui est morte elle aussi, et une vieille femme sorcière, usée par l'âge et les infirmités, qui ne voulait plus de la terre, parce qu'elle était trop usée, et parce que ses fétiches avaient été impuissants à enlever les rides de son visage, ainsi qu'à lui rendre ses cheveux de quinze ans ! Pauvre vieille !... Elle me disait :

« Je ne veux plus voir que notre Père qui est dans les cieux, espérant qu'une fois avec lui, je ne serai plus exposée ni à vieillir, ni à mourir. »

Le village d'Ouimbiano. — Suivez-moi encore

dans mes courses apostoliques. Nous nous arrêterons à Ouïmbiano, près de l'Orembo-Lié.

Il y a quelques années, ce village comptait, à lui seul, deux mille habitants. Il s'appelait avec fierté le village des missionnaires catholiques, la moitié de nos enfants et de nos ouvriers venaient de là, malgré une Mission protestante établie tout près, à Elowé. Ouïmbiano avait de belles cases avec planchers en bambous tressés, lits sous la véranda pour se reposer, et tout le confortable que l'on peut trouver chez un noir. Ouïmbiano était le premier des villages de toute la rivière par sa population, la fertilité du sol, ses richesses, ses cabris, ses moutons, ses volailles. Une malheureuse expédition vint mettre fin à cette prospérité. Il fut incendié, et trois autres villages avec lui.

Ouïmbiano se relève aujourd'hui de ses ruines. Les missionnaires, à l'aide de quelques secours, ont pu continuer leur ministère auprès des habitants.

Citons les noms de quelques chrétiens.

En première ligne, paraît le vieux Nicodème, esclave qui avait déserté la case de son maître, et était venu chercher un asile à la Mission. C'est un fervent néophyte, qui ne laisserait pas impuni l'audacieux qui voudrait lui enlever son chapelet, se moquer de sa médaille. Vient ensuite Félix, jeune garçon de douze ans, dont voici l'intéressante histoire.

Histoire du jeune Félix. — Félix, dès sa plus tendre enfance, avait été donné au diable. Son père lui mettait des fétiches aux pieds, aux mains, au cou, aux reins, sur le haut de la tête, partout. De plus, sa vie était attachée à un arbre de la forêt, le plus gros et le plus haut de la contrée.

Félix était depuis six mois à la Mission, ses camarades avaient été baptisés, quelques-uns avaient fait leur première communion ; il fut jaloux de leur bonheur.

— Père, dit-il, baptise-moi aussi ; je veux être chrétien.

— Mais y penses-tu, mon enfant, et tes fétiches !

— Ah ! mes fétiches, ce n'est rien ; j'en ai déjà jeté une partie dans la rivière.

— Et celui qui est dans l'arbre ?

— Oh ! celui-là, si je l'enlève, je suis mort.

— Comment mort !... Tu vois bien qu'il m'est impossible de te donner le baptême, puisque tu as confiance dans les choses du diable.

Quelques jours après, j'allai, avec l'enfant, visiter son village.

Son père, sa mère, toute sa famille était là.

— Papa, dit Félix, je veux être chrétien, je veux brûler mes fétiches.

— Tais-toi, malheureux, répondent tous les parents, tu veux donc mourir ?

— La mort ne me fait rien ; pour un chrétien, la mort c'est la vie.

Alors son père le supplie :

— Mon enfant, mon cher enfant, toi, ma seule gloire, ma seule espérance, mon unique soutien ! Oh ! reste ici, veux-tu donc vivre contrairement à nos usages, à nous Galoas ? Veux-tu détruire nos seuls protecteurs ? C'est Dieu qui nous a donné ces usages, c'est Dieu qui nous a donné ces fétiches. Tu oublies donc que tu vas mourir, et que moi, ta mère, tes frères, tes sœurs, nous allons tous mourir.

— Oh ! je n'ai pas peur de mourir ; j'ai peur seulement d'aller en enfer, si je meurs avant d'avoir brûlé mon fétiche. Allons ! au revoir, papa ! je vais le chercher, tu vas voir si je meurs ! Tu vas voir aussi que je suis un homme, et que je ne crains pas ce qui est sans force et sans vie. Suis-moi, minissé.

Et, d'un pas décidé, l'enfant se dirige dans le sentier

qui conduit au fétiche. Bientôt le sentier disparut ; il fallait s'enfoncer dans la forêt à travers des milliers de lianes et de larges touffes de hautes herbes. Nous marchions depuis deux heures. J'étais harassé et commençais à parler de retour.

— Voici l'arbre, minissé, un gros arbre, n'est-ce pas ? C'est le plus gros et le plus grand de la forêt. Ainsi je dois grandir, ainsi je dois surpasser tous mes compatriotes par mes connaissances et ma bravoure, comme cet arbre qui me conserve la vie, surpasse les arbres d'alentour. Mais donne-moi un couteau.

Et il soulève l'écorce de l'arbre.

— J'y suis... c'est lui... c'est bien cela ; vois-tu ce petit paquet caché ici ? Mon père m'a gratté la peau avec son couteau, et tout ce qu'il a pu recueillir est dans ce petit paquet. C'est tout mon fétiche ; si je l'enlève, crois-tu, minissé, que je vais tomber mort à la renverse ?

— Enlève-le, si tu es brave.

— Voilà, c'est fait, cela servira à faire cuire les bananes de papa... Tiens, je ne suis pas mort !

Inutile de dire qu'après cet acte de courage, on ne différa plus à Félix la grâce du baptême. Il est aujourd'hui l'un de nos meilleurs chrétiens.

Hélène, la catéchiste improvisée. — Hélène est, elle aussi, une excellente chrétienne. Son père voulait la marier à un protestant ; après avoir longtemps combattu, elle gagna enfin son procès. Voyant avec peine les nombreux adeptes que faisaient les presbytériens, elle se mit à l'œuvre et avec son seul chapelet et le catéchisme que les Sœurs de Libreville lui avaient donné, elle réussit à rassembler, tous les soirs, une trentaine de femmes dans sa case.

Ce nombre a augmenté peu à peu, quelques hommes vinrent à leur tour l'écouter: et, quand averti de son zèle et de ses succès, je me suis transporté au milieu de ces païens, j'ai trouvé cinquante personnes, hommes et femmes, sachant réciter le rosaire, et vingt les leçons du catéchisme. Après trois semaines de séjour, nous pûmes compter quatre-vingt-dix catéchumènes demandant le baptême et des chapelets. Malheureusement notre provision de chapelets, de médailles et de croix était épuisée, et ces pauvres noirs sont obligés de réciter le chapelet sur leurs doigts. Les femmes apprennent maintenant le *Credo*, le *Pater* et l'*Ave* à leurs maris, à leurs enfants, à leurs pères. Dans chaque case, dans les champs, où l'on travaille, on entend partout répéter : *Je vous salue, Marie*, etc. La nuit est très avancée déjà, qu'on n'a pas encore cessé de prier tout haut, très haut même. Bien des fois, j'ai été réveillé à dix heures du soir par les bons noirs.

Tous les matins, je pouvais célébrer la sainte messe, grâce à mon autel portatif. Il était installé dans une bien pauvre case, mais Notre-Seigneur ne préfère-t-il pas descendre au milieu de cœurs pleins de bonne volonté, que dans des temples de marbre, où brillent l'or et l'argent ? Chaque matin, je comptais bien cinquante assistants, et le dimanche plus de cent.

Baptêmes d'enfants en danger de mort. — Pendant mon séjour à Ouïmbiano, j'ai eu le bonheur de conférer le saint baptême à deux enfants en danger de mort.

Le premier a été guéri par le sacrement. Sa mère accusait son oncle de le manger ; son père croyait que, si je le baptisais, il allait mourir.

Le second était un esclave de dix ans. Il n'attend plus que la mort et le ciel. Oh ! si celui-ci, quand il sera près du bon Dieu, ne m'obtient pas la remise de la moitié de mon purgatoire, il sera bien ingrat ! Il était neuf heures du soir, quand j'appris qu'il était malade de cette maladie qui ne pardonne jamais, la

Mission de Loango (Congo français) Les Pères du St-Esprit et les orphelins nivelant le terrain.

maladie du sommeil. Le lendemain matin, je demande où il est :

— Il est, me répondit-on, bien loin dans les champs. Pour arriver jusqu'à lui, il faut escalader trois hautes montagnes, traverser trois marais peuplés de boas, et c'est loin, loin, loin !...

— Ne peut-on pas y aller en pirogue ? demandai-je.

— Non, mais tu auras de l'eau jusqu'au cou, et cela deux fois, et pendant une demi-heure chaque fois.

Je dis à Matthieu le catéchiste :

— Viens-tu ?

— Oui, mon Père.

Mais voilà que la maîtresse de l'esclave arrive ; c'était une protestante.

— Je te défends d'aller dans mon champ, me dit-elle.

Et se tournant vers Matthieu :

— Si tu vas dans mon champ, prends garde à ta vie!

— Ma bonne femme, lui répondis-je, tu oublies que je suis blanc, et que, pour m'empêcher d'aller dans ton champ, il faudrait crier bien plus fort encore.

Et nous voilà en route. J'ai trouvé, en effet, de la boue jusqu'à la ceinture et de l'eau jusqu'au cou deux fois pendant une demi-heure, Je fus bien dédommagé de mes peines ; j'eus le bonheur de trouver le pauvre malade, de l'instruire et de le baptiser.

Veuillez, Monseigneur, nous continuer le secours de vos prières, afin que nous puissions établir de plus en plus le règne de Jésus-Christ au milieu de ces peuples encore esclaves du fétichisme, de la polygamie et de tous les vices.

§ III. MISSION DES ADOUMAS (HAUT-OGOWÉ).

Origines de la Mission (1). — Ce fut M. de Brazza, qui, en 1883, demanda des missionnaires à Mgr Le Berre, notre digne vicaire apostolique, pour l'aider à civiliser les peuples du Haut-Ogowé, qu'il avait conquis politiquement à la France.

Deux Pères jeunes encore, pleins d'ardeur et déjà rompus aux rudes labeurs de l'apostolat africain, furent adjoints à l'expédition française de l'Ouest-Africain, destiné à devenir bientôt le Congo français. Partis le 8 juin 1883 de Saint-François-Xavier-de-Lambaréné, ils arrivent le 25 juillet à Franceville. De là, ils se lancent avec un courage à toute épreuve à travers les plaines sablonneuses des Batékés, atteignent le poste français de Diélé, et le 11 septembre, ils sont de retour aux Adoumas.

De toutes les tribus qu'ils avaient successivement visitées, celle-ci leur parut la mieux disposée pour recevoir la Bonne Nouvelle. L'ange de ces peuples qui depuis tant de siècles était prosterné aux pieds de l'Eternel, le suppliant d'avoir pitié de ses protégés, était donc exaucé. Les missionnaires, ces autres messagers de Dieu, avaient enfin franchi les mers et étaient venus s'ensevelir au cœur du continent mystérieux, prêts au dernier sacrifice, prêts au martyre, si leur sang était nécessaire pour sauver ces âmes.

Leur premier soin fut de choisir un terrain convenable pour l'installation de la nouvelle mission. A cet effet, ils parcourent le pays en tous les sens, escaladent

---

(1) Récit dédié par le R. P. Davezac, chef de la mission, au T. R. P. Emonet, supérieur général de la Congrégation du Saint-Esprit et du Saint-Cœur de Marie. (*Les Missions catholiques*, août-septembre 1888).

tous les rochers, pénètrent dans tous les ravins. Une belle colline, ombragée de grands arbres, baignée par un ruisseau toujours limpide, la Lipopa, les avait surtout frappés. Après de longues journées de recherches, ils se décident à s'y établir définitivement. Ils s'enquièrent du propriétaire de ce terrain. C'était Lokou, chef du village voisin. Trois chemises et un fusil à pierre lui sont offerts en échange; il accepte, et l'acte de propriété est aussitôt dressé par devant le délégué du Gouvernement. Au bas du contrat se voit un gros trait : c'est la signature de Lokou.

Lokou, chef de village. — Peut-être ne sera-t-il pas sans intérêt de faire un peu connaître ce chef de village adouma, dont le nom n'est pas sans quelque prestige ici.

Au physique, c'est un type assez marquant : taille élevée, front fuyant, nez gros, lèvres épaisses, bouche démesurément large, rire béat, mine étudiée et démarche assez dégagée.

Au moral, rusé, polygame et surtout avare. Oui, notre Lokou, c'est l'avarice incarnée, le vrai Harpagon africain. Ses cases sont bondées de marchandises, et il se croit plus pauvre que le Juif-Errant. Il viendra, pendant des journées vous fatiguer par ses demandes ; n'obtiendrait-il qu'une épingle, qu'il partira content. Nul ne fut plus heureux que lui de notre arrivée sur ses domaines. « Le blanc est riche, se disait-il; il a le cœur grand et généreux, il me donnera toujours ; il ne laissera pas son père gémir dans une honteuse pauvreté. »

Aussi chaque jour le ramenait-il devant notre case. « — Eh bien ! bonjour, Lokou. Tu n'es pas mort ? lui disions-nous agréablement. « — Bah ! minisso, non. « — Que veux-tu aujourd'hui ? » — Ah ! minisso, je suis venu te voir, ne suis-je pas ton ami, ne t'ai-je pas vendu cette terre ? »

Mais bientôt, il montrait où il en voulait venir.

« — Ne vois-tu pas mon vieux pagne, disait-il au Père supérieur d'un ton larmoyant, presque piteux, et ce bonnet troué, et mes membres nus ? donne-moi du sel, donne-moi de la poudre. »

Pauvreté des commencements. — Il est temps de reprendre le récit de la fondation de notre mission. Les Pères, à leur arrivée, avaient fixé leur tente sous un grand arbre que jusqu'ici la hache a respecté. Pendant trois mois ils restèrent là, trois longs mois de pénibles sacrifices, de lourdes privations. Ils n'avaient rien. Les négresses du village leur préparaient leurs maigres repas. Une poule durait tout un jour. Les bananes et le manioc composaient le plus souvent leur unique nourriture, car les poules étaient rares.

Une sonnette renversée leur servait de lampe. Si encore ils avaient pu aller chasser à leur aise. Mais ils n'avaient que six charges de plomb, et vous pensez si on le ménageait. Pour le menu gibier, on chargeait le fusil avec de petits cailloux ramassés au bord du chemin. Avant leur départ, ils voulaient élever une case, mais avec quoi payer les ouvriers ? L'expédition française leur céda quelques pagnes avariés ; et à chaque ouvrier une brasse de cette méchante étoffe. La case fut élevée ; mais il était temps de rentrer au Gabon, afin de rassembler le matériel nécessaire pour la future station, et de refaire un peu la santé délabrée. Un voyage en France fut même jugé nécessaire.

Après quelques mois passés sous le beau ciel de la patrie, la jeune colonie, augmentée cette fois d'un nouveau Père et d'un Frère charpentier, reprit la mer. Arrivés au Gabon, vers la fin de l'année, ils remontèrent l'Ogowé et, après un voyage exceptionnellement heureux, ils revirent leurs chers Adoumas, le samedi saint, 4 avril 1885.

Installation des missionnaires. — Déjà la nouvelle de l'arrivée des *Minissos* avait couru de bouche en bouche. La réception fut cordiale; de part et d'autre on était heureux de se revoir. Les hommes se mirent à nettoyer la vieille case, et à tracer le sentier qui conduit à la rivière. Les Pères, de leur côté, les secondaient, et le lendemain, 5 avril, saint jour de Pâques, ils eurent tous le bonheur d'offrir le saint sacrifice de la messe sur ce sol, que désormais ils devront féconder de leurs sueurs. La vieille case construite lors du premier voyage avait bien souffert. A travers la toiture défoncée on pouvait à son aise observer le passage des astres, mais quand la pluie venait, elle n'était plus habitable. Les parapluies devenaient même insuffisants pour se mettre à l'abri des intempéries de la saison. Immédiatement on se mit à l'œuvre pour la construction d'une maison d'habitation plus confortable. Tout était à faire. Aller à la recherche du bois de construction, faire couper des arbres immenses, les réunir en radeaux et les amener à la mission à travers les écueils et les rapides et, une fois sur place, les transformer en planches, en poutrelles, en poutres, etc., puis, après tout cela, construire une grande maison et des cases comme dépendances; voilà la tâche qui nous incombait, et elle n'était pas mince. Mais grâce à Dieu et à l'activité du P. Bichet, bien secondé par notre Frère charpentier, nous sommes venus à bout de tout. A force de patience et d'encouragement, nos chers Adoumas, qui n'avaient jamais vu une scie, sont devenus des scieurs habiles, en état de lutter avec les meilleurs ouvriers européens. Mais que de peines au commencement! Ainsi,

Station des missionnaires catholiques aux Adoumas. Logements et chapelle.

les premiers travailleurs noirs, que nous engagions seulement pour la durée d'un mois, souvent n'achevaient pas leur temps et se sauvaient. Aujourd'hui les choses ont bien changé à cet égard ; tous les engagements se font pour un an, nous en avons même pour trois ans.

Une maison en planches, de vingt-huit mètres de long sur huit de large, a été construite et sert actuellement d'habitation aux Pères et aux Frères. Viennent ensuite, d'un côté, la case des enfants avec classe, réfectoire, dortoir, puis la menuiserie et la cuisine ; de l'autre, le magasin, et, au fond de la cour, une bergerie et une basse-cour.

Nous venons également d'achever notre chapelle. Cette construction, de style ogival, mesure vingt-un mètres de long sur huit de large, et la voûte, aussi en planches, s'élève à une hauteur de sept mètres.

Le terrain s'est également transformé. Les jungles épaisses ont disparu ; chaque année la hache de nos Adoumas recule de quelques mètres l'antique forêt, et de belles plantations remplacent les broussailles.

Evangélisation. — Si nous étions venus dans ces fertiles parages comme simples colons, nous pourrions contempler d'un œil ravi nos heureux succès. Mais là n'est pas notre but. Nous sommes missionnaires, et l'apôtre, quand il a posé les premiers jalons de son œuvre, quand il est convenablement installé, doit tourner ses regards vers d'autres horizons. Il doit se faire connaître, se faire aimer, attirer la confiance et l'estime des peuples, pour marcher sûrement à la conquête des âmes qu'il veut gagner à Jésus-Christ.

Or, ce premier travail de l'apostolat, cette base essentielle à l'édifice que nous étions venus construire n'était pas facile à poser. L'Adouma est circonspect et très réservé ; il a toujours peur d'être trompé : il l'a été tant de fois ! Cela expliquera peut-être à quelques-uns le silence obstiné et la prudente réserve que nous avons gardés jusqu'à ce jour.

Les Adoumas avaient connu à Lambaréné les missionnaires, épuisés par les fatigues de la navigation, et atteints même, du moins quelques-uns, de maladies mortelles. Ils avaient, de plus, remarqué que ceux que le missionnaire baptisait, succombaient peu de temps après ; et sans réfléchir que c'étaient des enfants ou des adultes en danger de mort, ils s'étaient dit : le missionnaire est venu au pays des noirs pour tuer les hommes et manger leurs âmes.

Aussi, quand M. de Brazza annonça en 1882, aux Adoumas, qu'il allait leur amener des missionnaires, se vit-il, séance tenante, objecter notre cruelle habitude de manger les âmes des noirs. Bien d'autres bruits encore, tout aussi absurdes, circulaient sur notre compte. Aujourd'hui, grâce à Dieu, tous ces préjugés ont disparu, et nous n'avons plus qu'à marcher résolument, quoique avec circonspection, à la conquête des âmes.

Oeuvre des Enfants. — Nous commençons naturellement par les enfants ; la vieillesse n'est guère abordable qu'à l'heure dernière, et encore...

Nous avons actuellement trente-deux enfants. Ce n'est pas sans peine que nous sommes parvenus à obtenir ce résultat. Quelles difficultés tout d'abord pour les discipliner et les habituer à une vie réglée ! Car l'Adouma, plus que tout autre noir peut-être, aime la vie libre et désœuvrée. Il a à peine de quoi manger, une petite bande d'étoffe pour se couvrir ; et, malgré tout, il aime son village. Il le quitte à regret et il n'emporte avec lui qu'une seule aspiration, celle d'y retourner au plus tôt. Ajoutons à cette disposition la crédulité des noirs et les bruits absurdes qui couraient sur notre compte, et l'on pourra se faire une idée de la difficulté que nous avions à garder nos enfants à la mission.

Les premiers jours ils paraissaient contents ; tout nouveau, tout beau : c'est ici comme ailleurs. Une bonne et abondante ration, les pagnes reçus, les soins dévoués dont ils étaient entourés leur faisaient oublier la case paternelle. Mais vient tout à coup ce mal mystérieux, cette mélancolique aspiration vers le chez-soi, que l'européen décore du nom de nostalgie et que l'Adouma appelle tout simplement *la faim du village*. Nos petits négrillons en étaient dévorés.

Chaque jour c'était un nouveau palabre pour leur faire entendre raison. Rien n'était à leur convenance. La nourriture n'était pas bonne, elle était insuffisante ;... les pagnes étaient de mauvaise qualité ;... on les battait ;... ils objectaient, en un mot, tout ce que leur imagination, dégoûtée de la vie réglée, pouvait leur suggérer. Enfin, un beau matin, l'un commence à se sauver, un autre le suit, puis bientôt cinq, dix, douze sont en fuite. On eût dit, selon l'expression de notre Vénérable P. Libermann, le démon de la Guinée déchaîné contre cette œuvre ; nous nous voyions à la veille d'être obligés de fermer notre école, et dès lors, adieu à la mission. Un coup énergique était nécessaire ; on le comprit au poste français, et grâce à son intervention, nous forçâmes nos fugitifs à rentrer au bercail. Le mal du pays avait trouvé son maître. La peur d'abord les retint; puis, peu à peu, habitués à vivre avec nous comme en famille, ils oublièrent vite leur village et maintenant personne ne songe plus à nous quitter.

Ces enfants sont doux de caractère et assez souples,

pourvu qu'on sache les prendre. Dans les premiers temps, ils étaient souvent pris en flagrant délit de vol et de mensonge ; mais cette mauvaise habitude a bien vite disparu par suite des corrections qui suivaient immédiatement tout délit découvert. Ils sont généralement intelligents et studieux ; malheureusement ils ne se rendent pas compte de l'utilité de l'instruction. Ils aiment surtout la musique et le chant et nous en profitons pour rehausser l'éclat de nos cérémonies.

L'important était de leur donner une bonne instruction religieuse, aussi, leur fait-on régulièrement, chaque jour, une heure de catéchisme. A ces catéchismes assistent également les Adoumas de dehors. Ils écoutent avec étonnement et grand intérêt les premières vérités de notre sainte religion ; mais c'est surtout parmi la jeunesse que nous espérons obtenir de sérieux résultats.

Quant aux vieux, on ne peut guère les aborder qu'au lit de mort, et encore nous en échappe-t-il un grand nombre.

Nous commençons à poser les premiers jalons pour l'œuvre des apprentis. Trois enfants travaillent déjà à la menuiserie avec le Frère Martinus, et prochainement nous allons mettre au jardinage les plus forts et les moins aptes à l'étude.

Le jeune Enengo, catéchiste. — Un jeune homme, Enengo d'origine, qui a suivi les premiers missionnaires dans leur voyage d'exploration et qui, depuis, est toujours demeuré avec nous, nous aide puissamment dans notre ministère, soit auprès des enfants, soit au dehors. C'est un excellent chrétien, bon catéchiste et tout dévoué aux missionnaires. Il songe à se marier dans quelque temps. Sa femme, une fois devenue chrétienne, nous sera également très utile pour instruire et convertir les personnes de son sexe. Inutile, en effet, de songer actuellement à avoir des religieuses ici. Et pourtant nous ne pouvons pas laisser gémir la femme dans l'état d'abrutissement et d'esclavage dans lequel l'ont placée les mœurs africaines. Elles aussi doivent jouir des bienfaits de l'Evangile ; elles aussi aimeront un jour le divin Crucifié et seront réhabilitées par le culte si doux de Marie.

Cérémonies religieuses. — La splendeur de nos cérémonies religieuses produit aussi un excellent effet sur l'esprit de nos enfants. J'ai déjà dit un mot de notre petite chapelle. Pendant sa construction, on venait de tout le pays adouma pour la voir. Le chœur, la sacristie, la tribune, la voûte surtout excitaient leur admiration. Les plus naïfs se demandaient où le blanc avait trouvé cet arbre gigantesque, et comment l'on avait fait pour le creuser. Les plus avisés trouvaient que les planches se joignaient tellement bien, qu'elles paraissaient faites exprès pour se réunir ainsi.

Dès la veille de la bénédiction de la chapelle, on venait de toute part admirer l'ornementation qu'on était en train d'achever. Les images du Sacré-Cœur et du Saint-Cœur de Marie, de Saint Pierre et de Saint Paul les intriguaient surtout. Bien des idées voltigeaient dans toutes ces têtes. L'image de Saint Paul à la barbe longue et flottante, c'était *Mon Pière*, corruption de Mon Père, nom qu'ils me donnent dans leur langue. L'image de Saint Pierre, à la barbe touffue, c'était Bissadou, nom indigène du P. Dahin. Enfin la figure céleste de Marie n'était autre que celle du bon frère Martinus.

Lokou eut, à cette occasion, un discours applaudi et fréquemment souligné par les bruyants bravos de ses loyaux sujets. Enfin, se tournant vers moi, il termine ainsi sa harangue :

« Eh ! Minisso, à la vue de cette maison que tu viens de bâtir pour Dieu, nous nous sommes dit dans nos cœurs : Les Minissos peuvent aussi ressusciter les morts, puisqu'ils font de telles choses, et si vous ne le faites pas, c'est que vous ne le voulez pas, car toi tu le peux, tu le peux. »

Et tous les assistants d'approuver et de répéter en chœur : « Tu le peux, tu le peux. »

Je m'efforçai de leur prouver que le Dieu du ciel est auteur de la vie et de la mort, mais ils n'en parurent pas convaincus.

Bénédiction de la chapelle. — Enfin, le 15 août, en la fête de l'Assomption de la très sainte Vierge, eut lieu la bénédiction tant désirée, au milieu d'une foule nombreuse. La chapelle était brillamment ornée. Six bouquets de fleurs artificielles, venus de Paris, avaient été montés pour la circonstance par le P. Dahin. On chanta la grand'messe et, pour la première fois, le P. Dahin l'accompagna sur un vieil harmonium qui ravit tout le monde. Le soir, un salut en musique couronna cette journée, qui marquera comme l'inauguration officielle et solennelle du culte catholique dans le Haut-Ogowé. Les agents du poste de Lastourville assistèrent à cette belle fête et prirent part à notre joie.

Fête de Noël ; premier baptême solennel de sept enfants. — Notre dernière fête de Noël a revêtu un éclat tout particulier. Ce jour-là nous devions faire notre premier baptême solennel. Vers onze heures, trois chandelles romaines allèrent porter au loin l'annonce de la bonne nouvelle de la naissance de l'Enfant-Dieu. Comme l'étoile des Mages, ces lumières éclatantes devaient amener à la crèche du divin Enfant ses premiers adorateurs. Une vive fusillade retentit; les torches s'allumèrent; la mission paraissait enveloppée dans un manteau de flammes. Nombreux et serrés les habitants des villages voisins vinrent rendre leurs hommages à l'Enfant-Jésus.

La chapelle avait revêtu ses habits de fête ; de belles oriflammes ornaient le sanctuaire et la nef ; une étoile immense, fixée au-dessus de l'autel, produisait un grand effet. L'autel brillait de mille feux. Nos Adoumas éblouis ne savaient que penser de toutes ces splendeurs, rehaussées encore par les chants sacrés et les prières de la liturgie.

Après la messe solennelle du jour eut lieu le baptême solennel. Les élus étaient au nombre de sept. Quelle fête pour ces chers enfants, qui revêtaient leur robe d'innocence en ce beau jour de la naissance du Sauveur! Avec quels désirs impatients ils attendaient l'heure à laquelle ils devaient être plongés dans la piscine sacrée, pour en sortir régénérés ! On voyait qu'une transformation s'opérait en eux à mesure que le prêtre avançait dans les saintes cérémonies.

Avec quel accent énergique ils renoncèrent à Satan et confessèrent la foi du Christ! Avec quelle émotion ils courbèrent leurs fronts sous la main qui allait verser l'eau sainte du baptême, et avec quel enthousiasme ils entonnèrent à la fin de la cérémonie: *Jurons à la Mère d'amour...* Oui, désormais ils seront pour toujours les vrais enfants de l'Eglise catholique et de Marie, leur mère. Ce sont les prémices que nous offrons à Jésus-Enfant. Désormais, à chaque jour de fête, nous pourrons ainsi offrir au bon Dieu un certain nombre d'âmes arrachées à l'empire de Satan. Peu à peu cette église des Adoumas s'étendra et le nombre des chrétiens ira toujours grandissant. Nos successeurs, espérons-le, récolteront d'abondantes moissons, là où nous aurons semé dans les pleurs.

Ministère auprès des adultes. — Les adultes sont également l'objet de notre sollicitude. Mais, hélas! il y a peu d'espoir de ce côté pour le présent. Un Père va visiter les villages, tantôt à pied, tantôt en pirogue.

Le roi NEMLAO, *chef d'un village chrétien.*

Il cause et donne une caresse au petit enfant que la mère berce sur ses genoux, il ajoute une pincée de sel pour la mère; puis un mot, dit comme au hasard, l'amène à parler du bon Dieu; il expose une vérité, puis une autre. L'auditoire se fatigue vite, mais souvent ces simples paroles sont le point de départ d'une conversion, surtout à l'heure suprême.

Ces excursions, si elles sont un peu longues, se font en pirogue. Une quinzaine d'hommes en forment l'équipage. Un capitaine est placé à la tête ; à l'arrière, debout sur une pointe large comme la main se tient le second du bord ; les autres sont simples pagayeurs. Le voyageur prend place sur un petit siège derrière l'homme de l'avant.

Les Adoumas sont d'habiles mariniers ; ils sont pleins de sang-froid au milieu du danger. Debout sur sa pirogue, le capitaine examine la rivière, signale le danger et commande la manœuvre ; tous l'écoutent comme un oracle. Les pagaies légères s'enfoncent dans l'eau, les perches se dressent, la pirogue fend le courant : elle ne fait qu'effleurer la vague et lorsque le danger a disparu, tous reprennent leurs chants avec un nouvel entrain. Mais ils ne sont pas toujours aussi heureux. Comptant trop sur leur adresse, ils se lancent parfois sans prévoyance dans des courants formidables. Entraînée avec une vitesse vertigineuse, leur pirogue est saisie tout à coup par de puissants remous, qui la font tournoyer et l'entraînent au fond. D'autres fois, ils la rejettent au loin contre un rocher où elle se brise. Heureux qui en cette circonstance, sait nager ! C'est un sauve-qui-peut général. Pour nous, saint Joseph nous protège visiblement. Rarement, nous avons à déplorer pareil accident. Gloire lui en soit rendue.

Recours des malades à la mission. — Notre influence s'étend peu à peu ; on ne nous redoute plus ; on nous connaît. Quelqu'un est-il malade, vite il prend le chemin de la mission. Car il sait qu'il y recevra un accueil favorable, et qu'on lui donnera sans frais d'excellents remèdes, tandis que leurs bons N'ganga, au contraire, ne sont jamais consultés sans qu'ils demandent de gros honoraires. Ces trois années d'apostolat, avec leurs joies et leurs tristesses, ont été, on le voit, assez bien remplies. Aujourd'hui notre mission est assise sur des bases solides ; elle a devant elle un avenir très prospère. Nous sommes avantageusement connus des indigènes, et notre influence salutaire va chaque jour en grandissant.

Espérances et projets sur l'avenir. — Déjà nous avons envoyé quelques âmes au ciel, et les premiers enfants que nous venons de baptiser verront successivement doubler leur nombre. A Pâques nous ferons un nouveau baptême, et à la Pentecôte prochaine, tous nos enfants seront chrétiens. Rien ne nous arrêtera plus, nous l'espérons, dans notre œuvre d'évangélisation.

Mais que de choses nous restent à faire ! Déjà nos ressources nous limitent pour le nombre d'enfants que nous pouvons entretenir. Notre école devrait être agrandie. Un hôpital nous sera également nécessaire pour recevoir les nombreux malades qui se présentent. Là nous pourrions opérer le plus grand bien. Car c'est dans ces lieux de souffrance que le Bon Dieu se plaît surtout à choisir ses privilégiés.

Un village chrétien reste à créer. Nos enfants, une fois plus grands, si nous les laissons retourner dans leur village, seront bien exposés. Leurs passions se réveilleront, au spectacle de toutes les séductions qu'ils auront sans cesse sous les yeux. Ils oublieront les enseignements reçus et reprendraient rarement le chemin de la mission.

Pour obvier à ces inconvénients, nous établirons sur les terrains de la mission un *village* où seront logés tous ceux qui voudront rester avec nous. Mais, pour les attacher à nous, il faudra leur élever à nos frais une case, leur donner des moutons, des poules, surtout leur acheter une femme. Or, ici une femme se vend de de 1500 à 2000 fr., en marchandises. Pour mener donc cette œuvre à bonne fin, les secours de la charité nous seront indispensables.

Cette œuvre que l'obéissance nous a confiée n'est pas seulement la nôtre, à nous qui travaillons ici. Elle est celle de toutes les bonnes âmes qui demeurent en France, pour encourager et soutenir le missionnaire. Elle est l'œuvre de ceux qui prient, qui souffrent pour nous, et qui, là-bas, nous envoient leurs aumônes. Elle est l'œuvre de tous ceux qui, comme nous, croient que, pour ces pauvres déshérités de la grande famille humaine, a sonné enfin l'heure du salut. Nous les remercions tous bien cordialement de leurs secours passés, et nous avons confiance dans la persévérance de leur dévouement.

Le tout à la plus grande gloire de Dieu et au salut des âmes !

P. DAVEZAC.

TABLE DES MATIÈRES.

	Page
Préface	IV
Chapitre I. Les grands explorateurs de l'Afrique centrale	1

Burton, Speke, Baker, 1. — Livingstone, 5. — Cameron, 9. — Stanley, 10.

Ch. II. Association internationale africaine 20

Conférence de Bruxelles, 20. — Stanley fonde les stations du Congo, 28.

Ch. III. Premières explorations françaises 37

MM. de Compiègne et Marche, 37. — Premier voyage de M. de Brazza, 44. — Combat contre les Apfourous, 48.

Ch. IV. M. de Brazza et le roi Makoko 55

Deuxième voyage de M. de Brazza. Programme, 55. — Chez le roi Makoko, 60. — Le traité, 66. — Fondation de Brazzaville, 69.

Ch. V. Troisième voyage de M. de Brazza 73

Ratification du traité par les Chambres, 73. — A Franceville, 76. — Les embarras, 82. — Remise du traité à Makoko, 85.

Ch. VI. L'Etat indépendant du Congo 89

La Conférence de Berlin ; Résolutions, 89. — Reconnaissance de la souveraineté de l'Association du Congo, 93. — Léopold II, souverain de l'Etat du Congo, 96. — Géographie du Congo indépendant, 101.

Ch. VII. Explorations françaises de 1889 à 1891 109

Expéditions de Paul Crampel, 110. — Exploration de la Sangha par M. Cholet, 116. — Exploration de M. Gaillard, 119. — Explorations de M. Fourneau, 123. — Traversée de l'Afrique par le capitaine Trivier, 133.

Ch. VIII. Géographie du Congo français 141

Géographie physique, 141. — Géographie politique, 148. — Administration et stations, 152. — Le commerce, 158. — Productions minérales, végétales, animales, 159.

Ch. IX. Mœurs et coutumes des Congolais 167

De la race nègre en général, 167. — La barbarie nègre, 169. — Réhabilitation du nègre par Livingstone, 171. — Christianisation du nègre, 174. — Mœurs et usages des Bayanzis, coiffures, tatouages, costume, bijoux, armement, cérémonies funèbres, croyances religieuses, 177. — Les Nègres du Gabon, 184. — Le nègre esclave et le nègre soldat, 189.

Cʜ. X. Les missions catholiques du Congo 195

Action du christianisme, 195. — Les missions françaises et belges, 196. — Les sœurs françaises, 199. — La mission de Lambaréné ; les enfants, les conversions, les baptêmes, 201. — La mission des Adoumas : son origine, le roi Lokou, installation. Evangélisation, œuvre des enfants, 215. — Les baptêmes d'adultes ; espérances de l'avenir, 227.

TABLE DES GRAVURES.

Fʀᴏɴᴛɪsᴘɪᴄᴇ : Palabre ou assemblée générale du roi Makoko et de sa cour. — Carte générale de l'Afrique centrale et carte du Congo français, p. 6 et 7.

Cʜ. I. Portrait de Livingstone, 5. — La lanterne magique chez les sauvages, 11. — Vue d'Oudjiji, 17.

II. Portrait du roi Léopold II, souverain du Congo, 23. — Capitaines Crespel et Storms, 27. — H. Stanley, 31. — Une boma, village palissadé, 36.

III. Marquis de Compiègne, 39. — M. Marche, 47. — Un village nègre, 51.

IV. Pierre Savorgnan de Brazza, 57. — De Brazza chez le roi Makoko, 63.

V. Forêt de palmiers, paysage tropical, 77. — Rapides du Congo et porteurs indigènes, 83.

VI. Le colonel Strauch, président de l'Association africaine, 93. — Les armoiries de l'Etat du Congo, 97. — Soldats haoussas, 99. — Vue de Banana, 103. — Carte du bas Congo, 107.

VII. Village nègre des rives du Congo, 115. — Factorerie de l'Oubanghi, 129. — Village et factorerie de la côte de Loango, 137.

VIII. Le Stanley-Pool et Brazzaville, 147. — Type d'habitation des stations du Congo, 155. — Forgeron Bayanzi, soufflet double mû alternativement, 159. — Le bananier, dont les fruits (bananes) forment la la base de la nourriture des nègres, 163. — Le Soko ou chimpanzé, 165.

IX. Femmes nègres du bas Congo, 169. — Mussirongo, type nègre du bas Congo, 173. — Indigène du Stanley-Pool, 179. — Ibaka, vieux roi de Bolobo, 181. — Guerriers nègres, 187.

X. Voyage du missionnaire en canot, 203. — Mission de Loango, les Pères du Saint-Esprit et les orphelins, 213. — Station des missionnaires aux Adoumas, 219. — Le roi Nemlao, 227.

www.ingramcontent.com/pod-product-compliance
Lightning Source LLC
Chambersburg PA
CBHW071936160426
43198CB00011B/1417